CURA DIGITAL:

O Futuro da Saúde Mental na Era Tecnológica

Rodrigo Ciaralo

SUMÁRIO

- As Origens da IA e o Papel de Pioneiros
- O Ciclo da IA: Esperanças e Invernos
- Redes Neurais e Aprendizado Profundo
- Transição para Sistemas Generalistas e Criativos

2.2. IA na Terapia e Diagnóstico

- Diagnóstico Mais Rápido e Preciso
- Personalização de Tratamentos
- IA e Desenvolvimento de Novos Medicamentos Psiquiátricos

2.3. Impactos na Autonomia e Identidade

- Dependência das Decisões Automatizadas
- Redefinindo o Papel dos Humanos no Trabalho e na Sociedade
- Dilemas sobre Viés e Justiça
- O Que Permanece Exclusivamente Humano?

Capítulo 3: Realidade Virtual e Aumentada

3.1. Tecnologias de Imersão Digital

- Realidade Virtual (RV): A Criação de Mundos Imersivos
- Realidade Aumentada (RA): O Enriquecimento do Mundo Real
- Aplicações em Saúde Mental e Bem-Estar

3.2. Terapias Baseadas em Realidade Virtual

- Terapia de Exposição Baseada em RV
- Mindfulness e Relaxamento em Ambientes Virtuais
- Pós-Cirurgia ou Reabilitação

3.3. Riscos da Desconexão com o Mundo Real

- Imersão Excessiva e Isolamento Social
- Confusão Entre Real e Virtual
- Riscos da Sobrecarga Sensorial
- Equilíbrio Entre Vida Digital e Física

Capítulo 4: Bioengenharia Emocional

4.1. Manipulação Genética e Química Cerebral

10.1. Questões Éticas Relacionadas ao Uso de Neurotecnologias

- Privacidade Mental: O Último Reduto da Privacidade Pessoal
- Autonomia e Livre-Arbítrio: Controle sobre a Própria Mente
- Igualdade e Acesso Equitativo: Evitando uma Nova Forma de Desigualdade
- Manipulação e Consentimento Informado: Limites do Tratamento Terapêutico

10.2. Privacidade Mental, Autonomia e Livre-Arbítrio na Era da Neurointervenção

- Privacidade Mental: Protegendo o Último Refúgio da Mente
- Autonomia Individual: Mantendo o Controle sobre a Própria Mente
- Livre-Arbítrio: A Essência da Liberdade Humana
- Responsabilidade Moral e Legal: Reavaliando a Culpabilidade em um Mundo de Neurointervenção
- Consentimento Informado e Autonomia

10.3. Caminhos para uma Neuroética Responsável

- Desenvolvimento de Diretrizes Éticas
- Educação e Conscientização Pública
- Regulamentação e Políticas Públicas
- Pesquisa e Avaliação Contínua
- Inclusão e Equidade
- Diálogo Interdisciplinar

Capítulo 11: A Singularidade Tecnológica e seus Impactos na Consciência

11.1. Explorando o Conceito de Singularidade Tecnológica e Suas Implicações para a Mente Humana

- Implicações Profundas e Desafiadoras
- Fusão entre Humano e Máquina
- Obsolescência da Mente Humana

11.2. A Possibilidade de Superinteligência e Seus Impactos na

Consciência e na Identidade
- Comportamento e Valores da Superinteligência
- Conflito Existencial
- Singularidade da Consciência

11.3. Considerações sobre a Saúde Mental em um Mundo Pós-Singularidade
- Ansiedade Existencial
- Fusão Homem-Máquina
- Impactos da Superinteligência
- Oportunidades para a Saúde Mental
- Adaptação e Integração
- Educação e Conscientização
- Políticas Públicas e Inclusão

Capítulo 12: Transumanismo e a Busca pela Imortalidade: Implicações Psicológicas

12.1. Analisando o Movimento Transumanista e Sua Busca por Transcender as Limitações Humanas
- O Movimento Transumanista
- Superando as Limitações Humanas
- Desigualdade Social e Impactos Psicológicos
- A Busca pela Imortalidade

12.2. Implicações Psicológicas da Busca pela Imortalidade e os Desafios da Vida Eterna
- Significado da Vida e Motivação
- Adaptação Psicológica
- Impacto nas Relações Interpessoais
- Identidade e Continuidade

12.3. A Saúde Mental em uma Sociedade Onde a Morte é Opcional
- Ansiedade Existencial
- Transformação das Relações Interpessoais
- Desafios da Identidade Pessoal
- Oportunidades para a Saúde Mental
- Desenvolvimento de Terapias e Suporte

- Educação e Conscientização
- Políticas Públicas e Inclusão

Capítulo 13: Os Desafios da Realidade Virtual Imersiva e o Impacto na Psique

13.1. Explorando os Desafios da Realidade Virtual Imersiva e Seus Impactos na Saúde Mental

- Distorção da Realidade
- Isolamento Social
- Adição à RVI

13.2. Aumento da Dissociação, Alienação e Dificuldade de Diferenciar o Real do Virtual

- Dissociação
- Alienação
- Dificuldade em Diferenciar o Real do Virtual

13.3. Estratégias para Mitigar os Riscos e Promover o Uso Saudável da Realidade Virtual

- Limitar o Tempo de Exposição
- Equilibrar a Vida Virtual e Real
- Utilizar a RVI com Propósito
- Desenvolver Habilidades de Pensamento Crítico
- Buscar Suporte Social
- Estar Atento aos Sinais de Alerta
- Educação e Conscientização
- Desenvolvimento de Diretrizes e Regulamentações
- Pesquisa Contínua

Capítulo 14: O Papel da Espiritualidade e da Filosofia na Era Tecnológica

14.1. A Importância da Espiritualidade e da Filosofia na Busca por Sentido e Propósito em um Mundo Tecnológico

- A Essência da Espiritualidade
- O Papel da Filosofia
- Navegando as Incertezas

14.2. Como a Espiritualidade e a Filosofia Podem Contribuir para o Bem-Estar Psicológico e a Saúde Mental na Era Digital

- Contribuições da Espiritualidade
- Contribuições da Filosofia

14.3. Ferramentas e Práticas para Cultivar a Espiritualidade e a Conexão Humana em um Mundo Cada Vez Mais Virtual

- Meditação e Mindfulness
- Práticas Contemplativas
- Yoga e Outras Práticas Corporais
- Cultivo da Gratidão
- Conexão com a Natureza
- Engajamento em Comunidades
- Leitura de Textos Inspiradores
- Prática da Compaixão e do Altruísmo

Parte 2: Desafios e Oportunidades da Era Digital

Capítulo 15: Ética e Regulação na Era da Tecnologia

15.1. A Necessidade de Regulação Ética

- Proteção dos Direitos Humanos
- Justiça Social e Inclusão
- Transparência e Responsabilidade

15.2. Políticas Públicas e Inclusão Tecnológica

- Investimento em Infraestrutura Digital
- Programas de Alfabetização Digital
- Incentivos para a Inclusão Tecnológica
- Regulamentação e Proteção dos Direitos dos Usuários

15.3. Desafios Éticos na Inteligência Artificial e Biotecnologia

- Privacidade e Consentimento Informado
- Manipulação Genética e Ética da Biotecnologia
- Desigualdade e Acesso às Tecnologias
- Transparência e Explicabilidade na IA
- Responsabilidade e Governança

Capítulo 16: Educação na Era Digital

16.1. Transformação da Educação com a Tecnologia
- Educação Digital e Aprendizado Online
- Realidade Virtual e Aumentada na Educação
- Inteligência Artificial e Personalização do Aprendizado

16.2. Alfabetização Digital e Pensamento Crítico
- Importância da Alfabetização Digital
- Desenvolvimento do Pensamento Crítico
- Combate à Desinformação

16.3. Educação para a Saúde Mental
- Inclusão da Saúde Mental nos Currículos Escolares
- Uso da Tecnologia para Promover a Saúde Mental
- Criação de Ambientes Escolares Saudáveis

Capítulo 17: O Futuro do Trabalho na Era Tecnológica

17.1. Automação e o Mercado de Trabalho
- Transformação das Profissões
- Criação de Novas Oportunidades
- Desigualdade e Exclusão

17.2. Trabalho Remoto e Bem-Estar
- Impactos do Trabalho Remoto na Saúde Mental
- Estratégias para Manter o Equilíbrio
- Benefícios do Trabalho Remoto

17.3. Capacitação e Requalificação
- Importância da Capacitação e Requalificação
- Programas de Capacitação e Requalificação
- Aprendizado ao Longo da Vida
- Parcerias Público-Privadas

Capítulo 18: Cultura e Identidade na Era Digital

18.1. A Influência da Tecnologia na Cultura
- Transformação dos Meios de Comunicação
- Cultura de Participação

- Desafios da Desinformação
- Técnicas de Manipulação e Propaganda
- Promoção da Literacia Midiática

20.3. Transparência e Governança Digital
- Importância da Transparência
- Governança Digital
- Proteção da Privacidade e Segurança
- Regulamentação e Políticas Públicas

Capítulo 21: Saúde Mental no Ambiente de Trabalho

21.1. Impactos da Tecnologia no Ambiente de Trabalho e na Saúde Mental dos Trabalhadores
- Estresse Tecnológico
- Cultura da Hiperconexão
- Trabalho Remoto

21.2. Estratégias para Promover a Saúde Mental no Ambiente de Trabalho
- Programas de Bem-Estar
- Flexibilidade de Horários
- Uso de Tecnologias que Promovam a Colaboração e o Equilíbrio
- Estabelecimento de Limites Saudáveis

21.3. O Papel das Empresas na Promoção da Saúde Mental dos Funcionários
- Criação de um Ambiente de Trabalho Saudável
- Treinamento e Sensibilização
- Acesso a Recursos de Saúde Mental
- Prevenção de Transtornos Mentais Relacionados ao Trabalho
- Fomento à Comunicação Aberta

Capítulo 22: O Impacto das Redes Sociais na Saúde Mental

22.1. Impactos das Redes Sociais na Saúde Mental
- Comparação Social

- Cyberbullying
- Dependência em Redes Sociais
- Autoestima e Imagem Corporal

22.2. Estratégias para o Uso Saudável das Redes Sociais

- Gestão do Tempo Online
- Conscientização dos Impactos
- Desenvolvimento de Habilidades de Pensamento Crítico

22.3. O Papel das Plataformas de Mídia Social na Promoção da Saúde Mental e na Prevenção de Transtornos Mentais Relacionados ao Uso da Internet

- Responsabilidade das Plataformas
- Implementação de Ferramentas de Bem-Estar Digital
- Moderação de Conteúdo e Combate ao Cyberbullying
- Promoção de Conteúdo Positivo e Educativo
- Transparência e Responsabilidade
- Desenvolvimento de Comunidades de Apoio

Capítulo 23: O Papel da Arte e da Criatividade na Saúde Mental na Era Digital

23.1. Arte e Criatividade como Ferramentas para Promover a Saúde Mental e o Bem-Estar

- Expressão Emocional
- Desenvolvimento da Autoconsciência
- Construção de Sentido e Propósito

23.2. O Papel da Arte na Expressão Emocional e no Desenvolvimento da Autoconsciência

- Arteterapia
- Música e Saúde Mental
- Escrita Criativa

23.3. Combinação de Arte e Tecnologia para Criar Experiências Terapêuticas

- Realidade Virtual (RV) e Realidade Aumentada (RA)
- Aplicativos de Arte Digital
- Plataformas de Colaboração Artística Online

- Biofeedback e Neuroarte

Conclusão

- Reflexão sobre a relação entre a mente humana e a tecnologia.
- Importância da saúde mental na era digital.
- Potencial da tecnologia para promover a saúde mental.
- Necessidade de responsabilidade, ética e consciência no uso da tecnologia.
- Integração da tecnologia com a sabedoria humana e a compaixão.

Sobre o Autor

- Breve biografia do autor, Rodrigo Ciaralo, destacando sua experiência em psicologia e neurociência.

Referências Bibliográficas

- Lista detalhada de todas as obras e artigos utilizados para fundamentar os capítulos do livro.

Introdução

A mente humana, um labirinto de complexidade e beleza, tem sido objeto de fascínio e mistério desde os primórdios da consciência. De primatas cognitivamente modestos, evoluímos para seres capazes de compor sinfonias, decifrar o código genético e construir máquinas que estendem nossos sentidos além dos limites do planeta Terra. No entanto, essa jornada extraordinária, que nos levou do domínio do fogo à era da informação, não se deu sem percalços. A saúde mental, pilar fundamental do bem-estar humano, sempre esteve sujeita a obstáculos e vulnerabilidades inerentes à nossa condição existencial.

Neste momento crucial da nossa história, nos encontramos em uma encruzilhada, impulsionados por uma revolução tecnológica sem precedentes. A inteligência artificial, a biotecnologia, a nanotecnologia e outras inovações disruptivas prometem redefinir o que significa ser humano. Imagine um futuro onde a mente se funde com a máquina, onde a imortalidade se torna uma possibilidade real, e onde a própria realidade é moldada por algoritmos e softwares. Diante dessa nova era, somos desafiados a questionar como essas tecnologias impactarão a nossa mente, as nossas emoções e a própria essência do que nos torna humanos.

Este livro se propõe a explorar o futuro da saúde mental na era da tecnologia, traçando um paralelo com a jornada da humanidade até os dias de hoje. Esta obra se debruça sobre o futuro, investigando como a tecnologia pode moldar a mente humana e os desafios que enfrentaremos nesse novo território.

Adentraremos questões cruciais que se avizinham, como a singularidade tecnológica e a fusão homem-máquina, os desafios à sanidade em um mundo de inteligência artificial onipresente, a redefinição da realidade em face da imersão digital, a bioengenharia da felicidade e seus dilemas éticos, e a ascensão do *Homo Deus* e suas implicações psicológicas.

Mas este livro não se limita a explorar os desafios. Investigaremos também as **oportunidades** que a tecnologia oferece para a saúde mental. Analisaremos como a inteligência artificial pode auxiliar no diagnóstico precoce e no tratamento personalizado de transtornos mentais, como a realidade virtual pode ser utilizada para a reabilitação de traumas e fobias, e como as ferramentas digitais podem democratizar o acesso aos cuidados de saúde mental, especialmente para populações marginalizadas.

Este livro não se propõe a oferecer respostas definitivas, mas sim a instigar a reflexão, o debate e a busca por soluções inovadoras para os desafios da saúde mental na era digital. Acreditamos que a tecnologia, quando utilizada com sabedoria, ética e compaixão, pode ser uma poderosa aliada na construção de um futuro mais humano, justo e sustentável.

Convidamos você, leitor, a embarcar nesta jornada de exploração e descoberta, desvendando os desafios e as oportunidades que se apresentam neste novo capítulo da história da humanidade. Juntos, podemos construir um futuro onde a tecnologia esteja a serviço do bem-estar humano e da saúde mental, um futuro onde a mente humana floresça em harmonia com as maravilhas da era digital.

CAPÍTULO 1
A Evolução da Saúde Mental

A saúde mental, um componente essencial do bem-estar físico, social e emocional da humanidade, atravessou um longo e singelo percurso ao longo da história. Suas raízes estão profundamente entrelaçadas com a evolução cultural, científica e espiritual de nossa espécie. Desde interpretações místicas e metafísicas até abordagens científicas contemporâneas, a maneira como a saúde mental é compreendida e tratada reflete os valores, medos e conquistas de cada era. Este capítulo explora como as civilizações ao longo do tempo moldaram nossa compreensão da mente humana, destacando os avanços e desafios enfrentados por aqueles que atuaram nessa área crucial.

1.1. Raízes Históricas da Saúde Mental

Desde os primórdios da civilização humana, as pessoas enfrentavam desafios relacionados à saúde mental, embora os conceitos e os métodos de enfrentamento fossem muito diferentes dos de hoje. Na ausência de explicações biológicas e psicológicas, as sociedades antigas frequentemente atribuíam as doenças mentais a forças sobrenaturais ou cósmicas. Para as culturas ancestrais, a mente era vista como um campo de batalha entre deuses, espíritos benevolentes e forças malignas.

Culturas Pré-Clássicas

Nas primeiras sociedades humanas registradas, como as da Mesopotâmia e do Egito Antigo, condições mentais eram frequentemente correlacionadas a intervenções divinas ou espirituais. Textos mesopotâmicos descreviam doenças da mente como punições de deuses irados, enquanto registros egípcios mencionavam intervenções religiosas para tratar estados como tristeza ou melancolia profunda. Contudo, os egípcios também demonstraram uma abordagem surpreendentemente pragmática: papiros médicos da época sugeriam que alguns transtornos emocionais eram tratados com técnicas holísticas envolvendo música, meditação e mudanças na dieta.

O Pensamento Grego e o Surgimento do Naturalismo

O advento das civilizações grega e romana representou um ponto de inflexão na compreensão da mente. Em vez de recorrer exclusivamente ao sobrenatural, pensadores como Hipócrates (460–370 a.C.) introduziram a ideia revolucionária de que doenças, incluindo as mentais, possuíam origens naturais. Ele propôs que a saúde física e mental era governada pelo equilíbrio dos quatro "humores": sangue, fleuma, bile preta e bile amarela. Por exemplo, um excesso de bile preta era associado à melancolia, um precursor do que hoje chamamos de depressão. Essa abordagem não só questionou a visão sobrenatural predominante, mas colocou a mente humana dentro de um sistema compreensível e passível de intervenção.

Outro filósofo influente, Platão, abordou a doença mental do ponto de vista psicológico e ético, sugerindo que certos desequilíbrios emocionais surgiam de conflitos internos da alma. Aristóteles, seu discípulo, enfatizou a importância do ambiente social no bem-estar psicológico, adiantando a relevância de fatores externos no desenvolvimento mental.

A Idade Média: Retrocesso e Resiliência

Com o declínio da antiguidade clássica e a ascensão da cristandade, a visão predominante sobre a saúde mental sofreu uma regressão em muitos aspectos. Durante a Idade Média (aproximadamente do século VI ao XV), estados mentais disfuncionais eram frequentemente vistos como manifestações de possessão demoníaca ou heresias espirituais. Práticas punitivas, como exorcismos, encarceramentos em asilos e até torturas, tornaram-se a norma em algumas regiões.

Ainda assim, a Igreja Católica desempenhou um papel ambivalente. Por meio de instituições como mosteiros e os primeiros hospitais (inspirados por uma visão caritativa e humanitária), monges e religiosos ofereciam cuidados rudimentares a pessoas com perturbações mentais. Esses espaços serviram como precursores dos asilos modernos.

Renascimento e a Redescoberta da Razão

O Renascimento trouxe consigo uma redescoberta do pensamento clássico e uma reavaliação da condição humana. Filósofos e cientistas como René Descartes e Paracelso começaram a questionar explicações sobrenaturais para os fenômenos mentais. A mente passou a ser vista como um objeto digno de investigação científica independente, abrindo caminho para abordagens mais humanizadas. Dorothea Dix e Philippe Pinel lideraram reformas nos séculos XVIII e XIX, promovendo mudanças nos hospitais psiquiátricos, enfatizando um ambiente mais compassivo e terapêutico para os pacientes com doenças mentais.

1.2 Principais Avanços na Psicologia e Psiquiatria

O campo da saúde mental testemunhou transformações revolucionárias a partir do final do século XIX. Intelectuais e cientistas deram início a esforços coordenados para decodificar os mistérios da mente humana, desenvolvendo teorias que moldaram tanto o pensamento moderno quanto as práticas clínicas.

Psicanálise e a Exploração do Inconsciente

No final do século XIX e início do século XX, Sigmund Freud lançou as bases para a psicanálise, um campo que revolucionou a prática clínica. Freud argumentava que grande parte do sofrimento mental tinha raízes no inconsciente, um repositório de memórias reprimidas, fantasias e conflitos internos. Com suas técnicas de livre associação e interpretação dos sonhos, ele forneceu ferramentas para compreender o funcionamento interno da mente e tratar distúrbios psíquicos de forma profunda.

Embora as teorias de Freud tenham enfrentado críticas ao longo dos anos, seu impacto na psicologia foi inegável, inspirando novas abordagens e debates que continuam vivos até hoje.

O Behaviorismo e a Objetividade do Comportamento

A reação ao subjetivismo psicanalítico veio na forma do behaviorismo, liderado por Ivan Pavlov, John Watson e B.F. Skinner. Essa escola priorizou o estudo do comportamento humano observável, ignorando o funcionamento interno da mente. Com base em experimentos rigorosos, esses pesquisadores introduziram princípios que moldaram abordagens terapêuticas, como o condicionamento clássico e operante. O behaviorismo não apenas ajudou a entender processos como o aprendizado, mas também abriu caminho para aplicações práticas, como as terapias comportamentais na reabilitação de vícios e transtornos de ansiedade.

A Revolução Neurocientífica

Na segunda metade do século XX, avanços tecnológicos, incluindo neuroimagens e estudos biológicos, abriram um novo capítulo. Pesquisadores começaram a desvendar como os neurotransmissores e as redes cerebrais contribuíam para condições mentais, como depressão, ansiedade e esquizofrenia. A descoberta de medicamentos psicotrópicos, como antidepressivos, estabilizadores de humor e antipsicóticos, tornou o tratamento da saúde mental mais acessível e efetivo em larga escala.

Psicologia Cognitiva e o Renascimento Terapêutico

A partir da década de 1960, a psicologia cognitiva contrapôs o behaviorismo, trazendo à luz a importância dos pensamentos, crenças e esquemas mentais para o desenvolvimento do sofrimento psicológico. Dessas teorias emergiu a Terapia

Cognitivo-Comportamental (TCC), uma abordagem incrivelmente eficaz no tratamento de uma variedade de condições, como depressão, TOC e transtornos de estresse pós-traumático.

1.3. A Saúde Mental no Século XXI

Entrar no século XXI trouxe novos desafios, mas também uma conscientização renovada sobre a saúde mental como pilar fundamental do bem-estar humano. Conforme a ciência avança, paralelamente a mudanças culturais e tecnológicas, a saúde mental tornou-se um tema central no debate público global.

Do Estigma ao Diálogo Aberto

Embora o estigma ainda persista, movimentos de conscientização em escala mundial têm promovido o diálogo público sobre saúde mental. Campanhas realizadas por grandes organizações, como a Organização Mundial da Saúde (OMS), enfatizam consistentemente a necessidade de eliminar julgamentos baseados em preconceitos, incentivando a busca por ajuda.

Impactos da Era Digital e da Hiperconectividade

Contudo, a modernidade trouxe desafios inéditos. O excesso de conectividade digital e o bombardeio constante de informações resultaram no aumento de casos de ansiedade, hiperestimulação e burnouts. Além disso, o uso de mídias sociais frequentemente impacta negativamente a autoestima e exacerba sentimentos de isolamento, alimentando condições como a depressão.

Avanços Promissores: IA e Terapias Inovadoras

Apesar desses desafios, o avanço tecnológico também oferece oportunidades inigualáveis. Aplicativos de saúde mental, ferramentas baseadas em inteligência artificial e terapias online tornaram a saúde mental mais acessível. Inovações como a realidade virtual (VR) estão sendo empregadas em terapias para tratar fobias, estresse pós-traumático e até reabilitações neurológicas.

Novas Fronteiras

No futuro, a saúde mental pode avançar em direção a intervenções altamente personalizadas, integrando genômica, dados comportamentais e biomarcadores psicofisiológicos. Tais desenvolvimentos apresentam a promessa de tratamentos precoces e mais precisos, embora também levantem questões éticas sobre privacidade e igualdade no acesso a essas soluções.

Em suma, o século XXI destaca tanto a urgência de resolver os desafios persistentes quanto as possibilidades ilimitadas oferecidas por novas descobertas, consolidando a saúde mental como uma prioridade imperativa para a humanidade. **As lições do passado e as inovações do presente precisam, juntas, traçar um caminho mais inclusivo, humano e eficaz no cuidado com a mente em um mundo em rápida transformação.**

CAPÍTULO 2
Inteligência Artificial e a Mente Humana

A revolução da Inteligência Artificial (IA) é uma das transformações tecnológicas mais profundas da sociedade contemporânea, impactando não apenas o modo como operamos sistemas complexos, mas também redefinindo nossa relação com o mundo, com os outros e até com nós mesmos. Este capítulo explora os fundamentos da IA, seus avanços históricos e técnicos, suas aplicações na saúde mental, e as complexas questões éticas e filosóficas que surgem quando máquinas inteligentes passam a interagir de forma cada vez mais íntima com a identidade e a autonomia humanas.

2.1. Definição e Avanços da IA

A Inteligência Artificial pode ser definida como a capacidade de sistemas computacionais emular funções normalmente associadas à inteligência humana, como aprendizado, tomada de decisão, resolução de problemas, processamento de linguagem e reconhecimento de padrões. Em outras palavras, é o esforço de criar máquinas que "pensem".

As Origens da IA e o Papel de Pioneiros:

O conceito de inteligência artificial não é recente. Suas raízes remontam à década de 1950, quando matemáticos, cientistas da computação e filósofos começaram a se perguntar: seria possível replicar a inteligência humana em máquinas? Alan Turing, muitas vezes chamado de "pai da computação", foi um dos primeiros a formular ideias concretas sobre a capacidade das máquinas de simular o pensamento humano. Em 1950, ele propôs o famoso **Teste de Turing**, que permanece uma referência influente no debate sobre inteligência e consciência artificiais: se um ser humano, em interação com uma máquina, não conseguir distinguir se está conversando com uma pessoa ou um programa, a máquina pode ser considerada inteligente.

O Ciclo da IA: Esperanças e Invernos:

Desde o surgimento da IA como campo de pesquisa, grandes ondas de entusiasmo foram seguidas por períodos de desilusão, conhecidos como "invernos da IA". Enquanto as décadas de 1950 e 1960 foram marcadas por um otimismo desenfreado, as limitações tecnológicas e financeiras das décadas seguintes travaram o progresso. Mas a partir dos anos 2000, um novo capítulo começou a ser escrito. Graças ao desenvolvimento de computadores mais potentes, à explosão da quantidade de dados disponíveis (o chamado "big data") e à disseminação de modelos de aprendizado profundo (**deep learning**), a IA passou por um crescimento exponencial.

As Redes Neurais e o Aprendizado Profundo:

Entre os principais avanços da área estão as redes neurais artificiais. Inspiradas na estrutura do cérebro humano, essas redes são compostas por "camadas" de neurônios artificiais interconectados que processam e aprendem com grandes quantidades de dados. A evolução para **redes neurais profundas** (deep neural networks), que possuem múltiplas camadas, possibilitou avanços extraordinários em áreas como reconhecimento de imagem (como o famoso reconhecimento facial), processamento de linguagem natural (chatbots e tradutores) e análise preditiva. Esses avanços fundamentaram o surgimento de máquinas tão sofisticadas que podem realizar diagnósticos médicos, reproduzir linguagens humanas com fluidez e até mesmo derrotar jogadores profissionais em jogos estratégicos, como Xadrez e Go.

A Transição para Sistemas Generalistas e Criativos:

Com a chegada de modelos mais avançados, como os **transformadores de linguagem natural** (exemplificados pelos GPTs), a IA também está começando a realizar tarefas criativas tradicionalmente limitadas aos seres humanos. Produção de textos, composição musical, criação de arte visual e até mesmo colaboração em ciência são agora campos ao alcance dessas máquinas. No entanto, tal avanço técnico acarreta não apenas novas possibilidades, mas também complexos desafios éticos e sociais, conforme exploraremos nas seções subsequentes.

2.2. IA na Terapia e Diagnóstico

A aplicação da IA à saúde mental trouxe um potencial revolucionário, permitindo avanços na personalização de diagnósticos e terapias, no suporte ao paciente e na prevenção de transtornos mentais. Esses sistemas utilizam aprendizado de máquina para explorar grandes volumes de dados, detectando padrões sutis que muitas vezes escapa ao olho humano, e fornecem soluções práticas para questões urgentes de saúde pública.

Diagnóstico Mais Rápido e Preciso:

Na área de saúde mental, um dos grandes desafios sempre foi o diagnóstico precoce. Muitos transtornos, como a depressão, os transtornos de ansiedade e o transtorno bipolar, se desenvolvem ao longo do tempo, e a precisão do diagnóstico pode ser prejudicada por uma série de fatores subjetivos. Nesse contexto, algoritmos de IA estão desempenhando um papel crucial.

Sistemas baseados em IA agora podem analisar dados diversos, desde registros médicos até atividades de smartphones e dispositivos vestíveis. Por exemplo:

- A análise da entonação vocal ou do padrão de digitação pode detectar sinais precoces de depressão ou transtorno de ansiedade.
- Dados de sono e movimento, monitorados por wearables, ajudam a entender hábitos comportamentais

e mudanças significativas no estado psicossocial do indivíduo.

- Exames de imagem cerebral agora podem ser analisados em tempo real, permitindo a busca por biomarcadores associados a condições como esquizofrenia ou transtorno de estresse pós-traumático.

Personalização de Tratamentos:

A saúde mental é um campo em que não existe um "tamanho único" para terapias e tratamentos. Cada pessoa responde de forma única às intervenções, e é aqui que a IA brilha. Usando dados individuais, algoritmos podem personalizar tratamentos com base no histórico médico, circunstâncias pessoais e estilos de vida. Além disso, aplicações como chatbots oferecem suporte em tempo real, complementando terapias presenciais.

Exemplos práticos incluem:

- **Woebot:** Um chatbot que oferece apoio emocional e integração direta com princípios da Terapia Cognitivo-Comportamental (TCC).

- **Ginger:** Que combina IA com acesso a profissionais qualificados, permitindo suporte emocional sob demanda.

- **Mindstrong:** Uma ferramenta inovadora que usa padrões de interação com o smartphone para detectar alterações no humor ou no comportamento e fornecer intervenções preventivas.

IA e Desenvolvimento de Novos Medicamentos Psiquiátricos:

A descoberta de medicamentos psiquiátricos tradicionalmente foi um longo e caro processo. Com a IA, é possível reduzir significativamente o tempo necessário para identificar compostos promissores, prevendo potenciais efeitos colaterais e respostas biológicas antes mesmo da fase de ensaios clínicos.

2.3. Impactos na Autonomia e Identidade

Embora as inovações da IA ofereçam benefícios inegáveis, essas mesmas tecnologias suscitam questões fundamentais sobre nossa autonomia enquanto indivíduos e nossa identidade enquanto seres humanos. Como evoluímos em um mundo onde máquinas desempenham papéis antes exclusivos do intelecto humano?

A Dependência das Decisões Automatizadas:

À medida que a IA assume mais responsabilidades (desde recomendações no Netflix até diagnósticos médicos altamente complexos), os humanos começam a delegar cada vez mais decisões críticas às máquinas. Se a IA fornece orientações de tratamentos ou determina estratégias pessoais, qual é o papel do livre-arbítrio? Existem riscos reais de que a dependência excessiva desses sistemas erosione nossa capacidade de tomar decisões informadas por conta própria.

Redefinindo o Papel dos Humanos no Trabalho e na Sociedade:

A automação impulsionada pela IA está rapidamente transformando o mercado de trabalho. Não se trata apenas de tarefas físicas substituídas por robôs, mas de funções cognitivas. Profissões que dependem de diagnóstico, planejamento e até curadoria criativa já estão sendo afetadas. Isso levanta a questão: se as máquinas podem ser "mais eficientes" do que nós, qual será a função do ser humano na sociedade? Nosso valor seria reduzido a meros "consumidores do que as máquinas produzem"?

Dilemas sobre Viés e Justiça:

Sistemas de IA carregam o potencial de perpetuar ou agravar desigualdades sociais, raciais e econômicas preexistentes. Isso ocorre porque esses sistemas são treinados em dados que refletem imperfeições históricas e estruturais da sociedade. Ignorar ou negligenciar esses vieses pode levar a diagnósticos imprecisos, discriminações algorítmicas e divisão social.

O Que Permanece Exclusivamente Humano?

Um dos debates mais intrigantes é sobre a essência da humanidade. Se os avanços da IA levam a máquinas que aprendem, raciocinam e até demonstram empatia simulada, onde está a fronteira que separa humanos e máquinas? Questões sobre o valor da emoção humana, os limites do racional e o significado da consciência passam a ocupar o centro do debate filosófico e ético.

Reflexão Final: O Equilíbrio Entre Ética e Progresso

A integração da IA em nossas vidas exige uma vigilância ética constante. Desde o risco de perda de autonomia até os desafios à igualdade social, é crucial que desenvolvedores, pesquisadores, governos e cidadãos colaborem para criar diretrizes claras. A IA possui o potencial de ser tanto a chave para resolver complexos desafios globais quanto a origem de novas crises — o que determinará o curso será nossa capacidade de direcionar o progresso técnico para respeitar os valores humanos mais fundamentais: dignidade, justiça e compaixão.

CAPÍTULO 3
Realidade Virtual e Aumentada

A realidade virtual (RV) e a realidade aumentada (RA) se destacam como tecnologias de imersão digital revolucionárias, que não apenas transformam a forma como interagimos com o mundo, mas também oferecem novas possibilidades na promoção da saúde mental e do bem-estar. Mais do que ferramentas de entretenimento, RV e RA ocupam um papel crescente em campos como a saúde, a educação e o trabalho, com aplicações impactantes no tratamento de transtornos mentais, na melhora da qualidade de vida e até na definição do que é o "real" na experiência humana. Este capítulo explora os fundamentos dessas tecnologias, suas aplicações terapêuticas, além dos desafios éticos e psicológicos associadas à imersão digital.

3.1. Tecnologias de Imersão Digital

A realidade virtual (RV) e a realidade aumentada (RA) representam dois lados complementares das tecnologias de imersão digital. Enquanto a RV cria mundos completamente sintéticos, transportando os usuários para ambientes virtuais tridimensionais imersivos, a RA sobrepõe informações digitais ao mundo real, fundindo o físico e o virtual. Apesar das diferenças em seus princípios de funcionamento, ambas compartilham o objetivo de expandir os limites da experiência humana, oferecendo novas formas de interação e percepção.

Realidade Virtual (RV): A Criação de Mundos Imersivos

A RV é acessada por meio de dispositivos como óculos de

RV, fones de ouvido e, frequentemente, controladores manuais que permitem ao usuário navegar por ambientes virtuais. Esses dispositivos enganam os sentidos, criando experiências imersivas que simulam fisicamente a presença de alguém em outro lugar. Seja explorando ambientes fantasiosos, recriando cenários reais ou modelando situações específicas, a RV tem se mostrado uma ferramenta poderosa, capaz de oferecer desde entretenimento até aplicações complexas em áreas como saúde mental, engenharia e treinamento militar.

Realidade Aumentada (RA): O Enriquecimento do Mundo Real

Já a RA, popularizada pelo uso em smartphones e tablets, como nos jogos de sucesso global (por exemplo, *Pokémon GO*), insere elementos digitais no mundo físico, permitindo que os usuários visualizem informações em tempo real. Interfaces como o Microsoft HoloLens e o Magic Leap ampliam essa experiência, tornando possível visualizar modelos 3D no ambiente real, enxergar dados específicos em objetos concretos e criar interações digitais imersivas que mantêm uma conexão direta com o mundo tangível.

Aplicações em Saúde Mental e Bem-Estar:

Ambas as tecnologias estão se consolidando como ferramentas significativas de suporte e tratamento de transtornos psicológicos e promoção do bem-estar. Por exemplo, a RV pode recriar situações estressantes em ambientes controlados, ajudando indivíduos com ansiedade a praticar técnicas de enfrentamento. Já a RA pode ser usada para ajudar pessoas a superar fobias específicas utilizando a exposição gradual a estímulos em um ambiente supervisionado, como, por exemplo, "ver" uma aranha antes de interagir fisicamente com uma.

Outras aplicações promissoras incluem:

- **Relaxamento e meditação:** Ambientes virtuais podem ser usados para criar espaços relaxantes e personalizados que ajudem no manejo da ansiedade e do estresse. Visualizar florestas serenas, praias ou galáxias inteiras sem sair de um espaço físico oferece novas opções para o autocuidado.

- **Motivação para exercícios físicos:** RA e RV podem transformar a prática de atividades físicas em experiências interativas. Por exemplo, a inclusão de jogos durante exercícios pode aumentar a motivação e engajar usuários de forma criativa.

Essas ferramentas ampliam os horizontes da saúde mental e do bem-estar, redefinindo os métodos tradicionais de cuidado.

3.2. Terapias Baseadas em Realidade Virtual

A aplicação da RV na área da saúde mental está sendo amplamente estudada devido à sua capacidade de recriar cenários específicos com precisão, enquanto permite um alto nível de controle pelo terapeuta. Essa tecnologia combinando imersão e interatividade tem se mostrado uma abordagem eficaz no tratamento de uma ampla gama de condições psicológicas e psiquiátricas.

Terapia de Exposição Baseada em RV:

A terapia de exposição é um dos aspectos mais bem-sucedidos das aplicações da RV na saúde mental. Por meio da recriação de cenários que normalmente desencadeiam medos ou traumas, os pacientes podem ser expostos gradualmente àquilo que evitam, mas dentro de um ambiente seguro e controlado. Estudos demonstraram alta eficácia no uso de RV em casos como:

- **Fobias específicas: Medo de voar, de altura ou de animais.**
- **Transtornos de ansiedade social:** Simulações de interações cotidianas ajudam os indivíduos a praticar habilidades sociais livres do julgamento típico de interações reais.
- **Transtorno obsessivo-compulsivo (TOC):** Cenários induzidos em RV podem ser usados para explorar compulsões e trabalhar estratégias de enfrentamento.

Além das fobias, o **transtorno de estresse pós-traumático**

(TEPT) também é tratado por meio da RV com a criação de simulações controladas de eventos traumáticos. Esse processo permite que os pacientes revisitem situações desafiadoras de forma gradual, diminuindo a intensidade emocional associada ao trauma enquanto trabalham no reenquadramento de suas memórias, sempre com o suporte de um terapeuta qualificado.

Mindfulness e Relaxamento em Ambientes Virtuais:

Outra aplicação significativa é o chamado "mindfulness imersivo" — a criação de cenários virtuais propícios à prática de atenção plena (mindfulness). Ambientes de RV podem transportar pacientes para paisagens naturais que promovem calma e relaxamento, auxiliando no controle de transtornos como depressão e estresse. Dentre os benefícios dessa abordagem, destacam-se:

- Maior facilidade para atingir estados de concentração profunda;
- Redução da ruminância mental (pensamentos repetitivos e negativos);
- Promoção do relaxamento físico e mental em ambientes digitais personalizados.

Pós-Cirurgia ou Reabilitação:

Além das terapias diretas de saúde mental, a RV também é usada em intervenções relacionadas ao manejo da dor. Estudos demonstram que pacientes que utilizam RV para distração durante procedimentos médicos ou recuperação pós-cirúrgica relatam experiências menos dolorosas. Esses usos terapêuticos ampliam ainda mais o impacto da RV no campo médico.

3.3. Riscos da Desconexão com o Mundo Real

Apesar do potencial transformador oferecido pela RV e RA, é essencial avaliar riscos associados à dependência e ao isolamento causados por essas tecnologias imersivas.

Imersão Excessiva e Isolamento Social:

Uma preocupação crescente é que o uso prolongado de RV e RA possa levar à desconexão do "mundo real". Em contextos em que os indivíduos passam horas imersos em mundos digitais, as interações sociais presenciais, a tomada de decisões no mundo físico e até mesmo a percepção do tempo podem ser prejudicadas. Esse fenômeno é descrito como **"zoning out" digital**, onde a pessoa retorna do ambiente virtual sentindo-se desnorteada ou desapegada de sua realidade tangível.

No caso da saúde mental, essa desconexão pode ser particularmente prejudicial ao tratamento:

- Pacientes que usam RV de forma descontrolada podem evitar o enfrentamento direto de situações no cotidiano real.
- O vício em experiências virtuais pode intensificar o isolamento, exacerbando problemas como depressão e ansiedade, em vez de mitigá-los.

Confusão Entre Real e Virtual:

Outro problema relacionado é o potencial de diminuição da capacidade de separar o "real" do "virtual". Em casos extremos, especialmente em populações vulneráveis, o uso prolongado de RV pode criar dificuldades em distinguir eventos simulados de experiências vividas.

Os Riscos da Sobrecarga Sensorial:

Dispositivos de RV, enquanto imersivos, também podem sobrecarregar os sentidos. Sintomas como tonturas, náuseas e cansaço visual são comuns após o uso intenso, fenômenos conhecidos como **ciberdoença**. Além disso, a exposição constante a estímulos de alta intensidade pode impactar os níveis de cortisol, desencadeando respostas ao estresse crônico.

Equilíbrio Entre Vida Digital e Física:

Para garantir que essas tecnologias permaneçam benéficas e não se tornem prejudiciais, o uso consciente é essencial. Estratégias preventivas incluem:

1. Sessões monitoradas por profissionais;

2. Limitação de tempo para o uso de dispositivos de RV;

3. Inserção de práticas reais e presenciais junto a terapias digitais.

Reflexão Final: Um Novo Limiar da Experiência Humana

A RV e a RA são tecnologias de vanguarda que ampliam os recursos da humanidade ao permitir que exploremos mundos que nunca poderíamos acessar e experimentemos terapias que antes eram inconcebíveis. Contudo, como em qualquer avanço tecnológico, o equilíbrio será a chave para garantir que essas ferramentas sejam utilizadas para enriquecer a vida humana, preservando o contato com o "real". À medida que navegamos por novas fronteiras digitais, um enraizamento ético e humano será essencial para evitar que a fusão do real e do virtual comprometa aquilo que nos define como seres humanos: nossas conexões interpessoais, nossa autonomia e nosso senso de identidade no mundo físico.

CAPÍTULO 4

Bioengenharia Emocional

A bioengenharia emocional é um campo emergente que se encontra na interseção da biotecnologia, neurociência e genética, oferecendo novas possibilidades para a manipulação das emoções e estados mentais. Este capítulo explora as técnicas e os avanços na manipulação genética e química cerebral, os dilemas éticos da busca pela felicidade sintética, e as considerações éticas necessárias para garantir que essas tecnologias sejam desenvolvidas e usadas de maneira responsável.

4.1. Manipulação Genética e Química Cerebral

A bioengenharia emocional visa o ajuste direto dos processos biológicos que governam nossas emoções. Este campo inovador utiliza técnicas avançadas para modificar a genética e a química cerebral, com o objetivo de tratar transtornos mentais e melhorar o bem-estar emocional.

Manipulação Genética: CRISPR-Cas9 e Além

A técnica de edição genética CRISPR-Cas9 revolucionou a biotecnologia ao permitir modificações precisas no DNA. Aplicada à bioengenharia emocional, essa técnica pode ser usada para alterar genes que influenciam o humor e as emoções. Por exemplo, genes que regulam a produção de neurotransmissores como a serotonina e a dopamina podem ser modificados para corrigir desequilíbrios químicos associados a transtornos como a depressão e a ansiedade.

Além da CRISPR, outras técnicas de terapia genética estão sendo desenvolvidas para abordar condições neurológicas e psiquiátricas. Essas abordagens têm o potencial de oferecer tratamentos personalizados e duradouros, ajustando a expressão genética para promover estados emocionais mais equilibrados.

Intervenção na Química Cerebral:

A intervenção direta na química cerebral é outra abordagem fundamental da bioengenharia emocional. Medicamentos que modulam neurotransmissores têm sido usados há décadas para tratar transtornos mentais. Antidepressivos, ansiolíticos e estabilizadores de humor atuam sobre sistemas neurotransmissores específicos para aliviar sintomas e melhorar o bem-estar.

Mais recentemente, dispositivos neurotecnológicos, como implantes cerebrais e a estimulação magnética transcraniana (TMS), têm oferecido novas formas de intervenção. Esses dispositivos podem modular a atividade de circuitos neurais específicos, proporcionando alívio para condições como depressão resistente ao tratamento e transtorno obsessivo-compulsivo (TOC). Os implantes cerebrais, por exemplo, podem fornecer estimulação elétrica a áreas do cérebro envolvidas na regulação do humor, enquanto a TMS usa campos magnéticos para influenciar a atividade cerebral de forma não invasiva.

4.2. Felicidade Sintética: Promessas e Perigos

A busca pela felicidade é uma constante na história da humanidade. A bioengenharia emocional, com seu potencial para manipular as emoções, reacende essa busca com a promessa da "felicidade sintética" – a possibilidade de criar estados de bem-estar artificial por meio da intervenção biológica. No entanto, essa promessa também traz consigo dilemas éticos e questionamentos sobre a autenticidade da felicidade artificial.

O papel da dopamina e outros neurotransmissores:

A dopamina, um neurotransmissor associado ao prazer e à recompensa, desempenha um papel central na busca pela felicidade. A liberação de dopamina no cérebro produz sensações prazerosas, reforçando comportamentos que levam à sua liberação. A bioengenharia emocional pode manipular os níveis de dopamina e outros neurotransmissores para induzir estados de felicidade artificial. No entanto, essa manipulação pode ter consequências imprevistas para o equilíbrio químico do cérebro e para a saúde mental a longo prazo.

Implicações éticas e sociais:

A manipulação das emoções por meio da tecnologia levanta questões éticas complexas. A felicidade sintética, embora atraente em sua promessa de alívio do sofrimento, questiona a autenticidade da experiência emocional e o papel das emoções na vida humana. A supressão de emoções negativas, como a tristeza e a raiva, pode ter consequências negativas para o desenvolvimento pessoal e para a capacidade de lidar com as adversidades.

O conceito de bem-estar:

A felicidade sintética também desafia o conceito de bem-estar. O bem-estar humano é multifacetado, envolve não apenas a felicidade, mas também a saúde física, as relações sociais, o propósito na vida e a realização pessoal. A bioengenharia emocional, ao focar apenas na felicidade, pode negligenciar outros aspectos importantes do bem-estar humano.

Exemplos de pesquisas e tecnologias:

- **Estimulação cerebral profunda (DBS):** técnica que envolve a implantação de eletrodos no cérebro para estimular áreas específicas, como o núcleo accumbens, associado à recompensa e ao prazer. A DBS tem sido utilizada para tratar a depressão e o Parkinson, mas também pode ser utilizada para induzir estados de felicidade artificial.
- **Optogenética:** técnica que utiliza luz para controlar a atividade de neurônios geneticamente modificados. A optogenética tem sido utilizada em pesquisas com

animais para manipular o humor e o comportamento, abrindo caminho para a possibilidade de controlar as emoções humanas no futuro.

- **Drogas sintéticas:** o desenvolvimento de novas drogas que atuam sobre os neurotransmissores, como a serotonina e a dopamina, pode ser utilizado para modular o humor e induzir estados de felicidade artificial. No entanto, o uso de drogas sintéticas para fins não medicinais levanta preocupações éticas e de saúde pública.

Promessas da Felicidade Sintética:

A possibilidade de aliviar o sofrimento emocional e maximizar o bem-estar por meio de intervenções biológicas é uma das promessas mais atraentes da bioengenharia emocional. Imagine um mundo onde a depressão e a ansiedade possam ser eliminadas com a precisão de uma edição genética ou onde a felicidade possa ser garantida por meio de um implante cerebral. Essas intervenções poderiam transformar vidas, oferecendo alívio duradouro para aqueles que sofrem de transtornos mentais debilitantes.

A felicidade sintética, embora promissora em sua busca por aliviar o sofrimento humano, traz consigo desafios éticos e questionamentos sobre a autenticidade da felicidade artificial e o conceito de bem-estar humano. É crucial que a bioengenharia emocional seja utilizada de forma responsável, com diretrizes claras e regulamentações que protejam a autonomia, a dignidade e a liberdade humanas.

Perigos e Dilemas Éticos:

No entanto, a felicidade sintética também traz consigo perigos e dilemas éticos significativos. As emoções são complexas e multifacetadas, desempenhando papéis cruciais na nossa experiência humana. A tristeza, a raiva e o medo, por exemplo, são emoções que, embora desconfortáveis, são essenciais para o aprendizado, o crescimento pessoal e a sobrevivência. A manipulação dessas emoções pode levar à homogeneização da experiência emocional, suprimindo a riqueza e a profundidade que tornam a vida humana significativa.

Além disso, há questões sobre a autenticidade da felicidade induzida biologicamente. Se a felicidade pode ser "fabricada" por meio de intervenções biológicas, ainda podemos considerar essa felicidade como genuína? Ou ela se torna uma mera ilusão, desprovida das experiências e desafios que tradicionalmente associamos ao crescimento pessoal e ao bem-estar?

4.3. Ética na Intervenção Biológica

A capacidade de intervir diretamente nas emoções e na mente humana exige uma reflexão ética profunda sobre os limites e as implicações dessas tecnologias. A bioengenharia emocional levanta questões sobre autonomia, identidade e liberdade individual, além de preocupações sobre desigualdade social e acesso equitativo às intervenções biológicas.

Autonomia e Identidade:

A manipulação das emoções e da mente envolve questões fundamentais sobre a autonomia e a identidade individual. Até que ponto é eticamente aceitável intervir na biologia das emoções? A manipulação genética e química pode alterar a essência do que somos, influenciando nossa personalidade, nossas decisões e nossas relações. É crucial garantir que essas intervenções respeitem a autonomia individual, permitindo que as pessoas escolham livremente se desejam ou não se submeter a tais tratamentos.

Desigualdade Social e Acesso Equitativo:

A bioengenharia emocional também levanta preocupações sobre a desigualdade social. Se as tecnologias de intervenção biológica forem dispendiosas e acessíveis apenas a uma elite, corremos o risco de criar uma nova forma de desigualdade — uma "elite emocional" que pode comprar a felicidade e o bem-estar, enquanto os menos favorecidos são deixados para trás. É essencial que essas tecnologias sejam desenvolvidas e implementadas de maneira que garantam o acesso equitativo, promovendo a justiça social e evitando a exacerbação das disparidades existentes.

Regulamentação e Diretrizes Éticas:

Para garantir que a bioengenharia emocional seja utilizada de forma responsável, é necessário estabelecer diretrizes claras e regulamentações rigorosas. A comunidade científica, os governos e a sociedade devem colaborar para criar um quadro ético que proteja a dignidade, a liberdade e a autonomia humanas. Isso inclui a realização de pesquisas transparentes, a avaliação rigorosa dos riscos e benefícios das intervenções biológicas e a promoção de um debate público informado sobre as implicações éticas da bioengenharia emocional.

Conclusão: Um Caminho para o Bem-Estar Humano

A bioengenharia emocional oferece um potencial incrível para transformar a saúde mental e promover o bem-estar humano. No entanto, é crucial que essa poderosa ferramenta seja desenvolvida e utilizada de forma ética e responsável. Ao abordar as questões de autonomia, identidade e desigualdade, podemos garantir que as intervenções biológicas sejam usadas para melhorar a vida de todos, de maneira justa e equitativa. O futuro da bioengenharia emocional depende de nossa capacidade de equilibrar a inovação tecnológica com um compromisso inabalável com os valores humanos fundamentais.

CAPÍTULO 5

A Era do Homo Deus

A evolução tecnológica está levando a humanidade a um ponto de inflexão, onde as capacidades biológicas e cognitivas podem ser significativamente ampliadas ou até transcendidas. Essa transformação, que Yuval Noah Harari chamou de "Homo Deus", sugere a emergência de uma nova espécie humana, marcada pela fusão com tecnologias avançadas. Este capítulo explora o conceito de Homo Deus, as novas habilidades e desafios psicológicos que surgem com essas mudanças, e a redefinição da identidade humana em um mundo cada vez mais tecnológico.

5.1. Conceito de Homo Deus na Tecnologia

Yuval Noah Harari, em sua obra **Homo Deus: Uma Breve História do Amanhã**, propõe que a humanidade está à beira de uma nova etapa evolutiva, impulsionada pelas tecnologias que ela própria desenvolve. O conceito de Homo Deus refere-se a uma espécie humana que transcende suas limitações biológicas, alcançando um estado de semi-divindade por meio da bioengenharia, da inteligência artificial (IA) e de outras inovações disruptivas.

Transcendência das Limitações Biológicas:

No contexto tecnológico, a ideia de Homo Deus se manifesta na busca por aprimorar as capacidades humanas através da integração com a tecnologia. A inteligência artificial pode ser usada para aumentar a inteligência humana, expandir a memória, melhorar a capacidade de processamento de informações e até prever comportamentos e necessidades. Por exemplo, interfaces cérebro-computador (BCIs) poderiam permitir uma comunicação direta entre o cérebro humano e dispositivos digitais, ampliando as capacidades cognitivas de formas antes inimagináveis.

Bioengenharia e a Superação das Doenças:

A bioengenharia promete a superação de doenças, o prolongamento da vida e a otimização do corpo humano. Técnicas como a edição genética (por exemplo, CRISPR-Cas9) permitem a modificação de genes associados a doenças hereditárias, potencialmente erradicando condições genéticas antes incuráveis. Além disso, avanços em medicina regenerativa e nanotecnologia podem reparar tecidos danificados, retardar o envelhecimento e até reverter os efeitos do tempo no corpo humano.

Questões Éticas e Filosóficas:

A busca pela transcendência humana levanta questões éticas e filosóficas profundas. Quais são os limites da intervenção tecnológica no corpo e na mente humana? A busca pela imortalidade e pela perfeição física e cognitiva pode levar à perda daquilo que nos torna humanos, como a vulnerabilidade, a imperfeição e a finitude? Esses dilemas exigem uma reflexão cuidadosa sobre o que significa ser humano e como queremos que a tecnologia molde nosso futuro.

5.2. Novas Habilidades e Desafios Psicológicos

A era do Homo Deus promete dotar os seres humanos de novas habilidades e capacidades, mas também traz consigo desafios psicológicos significativos.

Ampliação das Capacidades Cognitivas:

A integração com a inteligência artificial e as interfaces cérebro-computador pode levar a uma ampliação sem precedentes das capacidades cognitivas. No entanto, essa expansão também pode resultar em uma sobrecarga de informações, dificultando a adaptação a uma nova realidade onde o volume e a complexidade dos dados são imensos. A capacidade de processar e filtrar informações relevantes se tornará crucial, e a pressão para se manter atualizado e competitivo pode gerar estresse e ansiedade.

Imortalidade e Tédio Existencial:

A possibilidade de prolongar a vida indefinidamente, ou até alcançar a imortalidade, levanta questões sobre o sentido da vida e a capacidade de lidar com a eternidade. A imortalidade potencial pode gerar tédio existencial, a perda do sentido da vida e a dificuldade de encontrar propósito em uma existência sem fim. A busca incessante por novos estímulos e experiências pode se tornar uma necessidade constante, levando a uma insatisfação crônica.

Otimização do Corpo e Pressão pela Perfeição:

A superação das doenças e a otimização do corpo humano são promissoras, mas também podem gerar novos desafios psicológicos. A pressão por ser perfeito e a busca incessante por aprimoramentos podem levar à ansiedade, à depressão e à insatisfação crônica. A possibilidade de modificar a aparência física à vontade pode gerar a perda da identidade e a dificuldade de se reconhecer como indivíduo. O culto à perfeição física pode exacerbar problemas de autoimagem e autoestima, criando uma sociedade obcecada pela aparência e pela performance.

5.3. Redefinição da Identidade Humana

A convergência de tecnologias disruptivas como a inteligência artificial, a bioengenharia e a nanotecnologia estão desafiando a própria definição de ser humano. A integração entre o homem e a máquina, a manipulação da biologia humana e a criação de inteligências artificiais que rivalizam com a mente humana questionam a linha que separa o humano do artificial, o natural do tecnológico.

Integração Homem-Máquina:

A integração crescente entre humanos e máquinas, por meio de dispositivos implantáveis, próteses avançadas e interfaces cérebro-computador, está redefinindo os limites do corpo humano. Essa fusão pode levar a uma nova forma de existência, onde as capacidades biológicas são ampliadas por componentes tecnológicos, criando seres híbridos que transcendem as limitações naturais.

Manipulação da Biologia Humana:

A capacidade de manipular a biologia humana, seja por meio da edição genética ou da bioengenharia, levanta questões sobre a essência da identidade humana. Até que ponto podemos modificar nossa biologia sem perder nossa humanidade? A criação de seres humanos geneticamente modificados ou aprimorados pode levar a uma nova forma de desigualdade, onde aqueles que podem pagar por essas tecnologias têm acesso a capacidades superiores, criando uma divisão entre os "aprimorados" e os "naturais".

Inteligências Artificiais e o Papel da Humanidade:

A criação de inteligências artificiais que rivalizam ou superam a inteligência humana coloca em questão o papel da humanidade em um futuro dominado pela tecnologia. Se as máquinas podem pensar, aprender e tomar decisões de forma autônoma, qual será o papel dos seres humanos? A crescente dependência da tecnologia e a possibilidade de a inteligência artificial superar a inteligência humana podem levar ao questionamento do valor e da relevância da humanidade em um mundo onde as máquinas desempenham papéis cada vez mais centrais.

Ansiedade e Confusão sobre a Identidade:

Essa redefinição da identidade humana pode gerar ansiedade, confusão e a sensação de perda de controle sobre a própria evolução. A rápida evolução tecnológica e a integração crescente com a tecnologia podem criar uma sensação de alienação e desconexão, onde os indivíduos lutam para encontrar um sentido de identidade em um mundo em constante mudança.

Reflexão Final: Navegando na Era do Homo Deus

A era do Homo Deus representa uma era de possibilidades extraordinárias, mas também de desafios profundos. É crucial que a sociedade reflita sobre os impactos da tecnologia na identidade humana e promova um diálogo aberto sobre os limites da intervenção tecnológica. A educação, a ética e o desenvolvimento de políticas públicas que promovam a inclusão e a equidade são fundamentais para garantir que a era do Homo Deus seja uma era de progresso humano e não de desumanização.

Educação e Consciência:

Educar a população sobre as implicações das tecnologias emergentes é essencial para garantir que as decisões sobre o uso dessas tecnologias sejam informadas e conscientes. A alfabetização tecnológica deve incluir não apenas o conhecimento técnico, mas também uma compreensão dos impactos éticos, sociais e psicológicos.

Desenvolvimento de Políticas Públicas:

Políticas públicas que promovam a inclusão e a equidade no acesso às tecnologias são fundamentais para evitar a criação de novas formas de desigualdade. Regulamentações claras e diretrizes éticas devem ser estabelecidas para garantir que as tecnologias sejam desenvolvidas e utilizadas de maneira responsável.

Diálogo Aberto e Transparente:

Promover um diálogo aberto e transparente sobre os limites da intervenção tecnológica é crucial para garantir que as vozes de todos os segmentos da sociedade sejam ouvidas. O futuro da humanidade deve ser moldado por uma visão coletiva que respeite a dignidade, a autonomia e a diversidade humana.

Conclusão: Um Futuro de Progresso Humano

A era do Homo Deus oferece a promessa de um futuro

onde a humanidade pode transcender suas limitações biológicas e alcançar novos patamares de existência. No entanto, esse futuro deve ser construído com responsabilidade, ética e um compromisso inabalável com os valores humanos fundamentais. Somente assim podemos garantir que as tecnologias emergentes sejam usadas para promover o bem-estar humano e construir uma sociedade mais justa, equitativa e humana.

CAPÍTULO 6
Desigualdade Tecnológica

A rápida evolução tecnológica, embora traga consigo a promessa de avanços e benefícios para a sociedade, também expõe e aprofunda as disparidades existentes no acesso às tecnologias. Este capítulo explora as diversas dimensões da desigualdade tecnológica, suas consequências para a saúde mental das populações marginalizadas e as políticas necessárias para reduzir essas desigualdades e promover uma sociedade mais justa e equitativa.

6.1. Disparidades no Acesso às Tecnologias

A desigualdade tecnológica se manifesta de várias maneiras, desde a infraestrutura básica de internet e dispositivos digitais até a alfabetização digital e o acesso a tecnologias de ponta como inteligência artificial e biotecnologia. Essas disparidades criam um fosso digital que separa indivíduos, comunidades e países, perpetuando e amplificando desigualdades sociais e econômicas.

Infraestrutura e Acesso Digital:

As disparidades no acesso à tecnologia começam com a infraestrutura básica. Em muitas regiões, especialmente em países em desenvolvimento e áreas rurais, a conectividade à internet é limitada ou inexistente. Mesmo em países desenvolvidos, há comunidades que carecem de acesso confiável à internet de alta velocidade. Sem essa infraestrutura, o acesso a informações, serviços online e oportunidades educacionais e profissionais é severamente restringido.

Dispositivos Digitais e Alfabetização Digital:

Além da infraestrutura, o acesso a dispositivos digitais como computadores, tablets e smartphones é desigual. Famílias de baixa renda muitas vezes não podem arcar com o custo desses dispositivos, o que limita ainda mais suas oportunidades. Além disso, a alfabetização digital – a capacidade de usar tecnologias de forma eficaz – é uma barreira significativa. Sem habilidades digitais básicas, mesmo aqueles com acesso a dispositivos e internet podem não ser capazes de aproveitar plenamente as oportunidades oferecidas pela tecnologia.

Acesso a Tecnologias de Ponta:

A desigualdade tecnológica também se estende ao acesso a tecnologias avançadas, como inteligência artificial, biotecnologia e neurotecnologia. Essas tecnologias têm o potencial de transformar a saúde, a educação e o trabalho, mas seu acesso é muitas vezes restrito a indivíduos e comunidades com recursos significativos. Isso cria uma divisão entre aqueles que podem se beneficiar dessas inovações e aqueles que são deixados para trás.

Impacto na Saúde Mental:

A desigualdade tecnológica tem implicações diretas para a saúde mental. As populações marginalizadas, como as de baixa renda, minorias étnicas e comunidades rurais, são as mais afetadas pela falta de acesso à tecnologia. Isso limita suas oportunidades educacionais, profissionais e sociais, contribuindo para o isolamento social, a baixa autoestima e o aumento da ansiedade e depressão.

6.2. Consequências para a Saúde Mental dos Desconectados

A exclusão tecnológica pode ter impactos significativos na saúde mental das populações marginalizadas. A falta de acesso à informação, à educação e às oportunidades de desenvolvimento pessoal pode levar ao isolamento social, à baixa autoestima, à ansiedade e à depressão. A exclusão digital pode, portanto, aprofundar as disparidades em saúde mental, perpetuando o ciclo de marginalização e vulnerabilidade.

Isolamento Social e Baixa Autoestima:

A falta de acesso à tecnologia pode resultar em isolamento social, pois as pessoas desconectadas não conseguem participar plenamente das interações sociais que ocorrem online. Isso pode levar à sensação de exclusão e marginalização, impactando negativamente a autoestima e o bem-estar psicológico. Para muitos, a internet é uma fonte vital de apoio social e emocional, e a falta de acesso pode agravar sentimentos de solidão e desespero.

Barreiras ao Diagnóstico e Tratamento:

A falta de acesso a tecnologias de saúde mental, como aplicativos, plataformas online e dispositivos de neurotecnologia, pode dificultar o diagnóstico precoce, o tratamento e o acompanhamento de transtornos mentais. Em comunidades com escassez de profissionais de saúde mental, as tecnologias digitais podem ser uma ferramenta crucial para ampliar o acesso aos cuidados. Sem essas tecnologias, as populações marginalizadas podem enfrentar barreiras adicionais para obter o suporte de que precisam.

Educação e Oportunidades de Desenvolvimento:

A exclusão digital também limita o acesso à educação e às oportunidades de desenvolvimento pessoal e profissional. A educação online e os cursos de capacitação digital são essenciais para adquirir novas habilidades e competir no mercado de trabalho moderno. A falta de acesso a essas oportunidades pode perpetuar a pobreza e a desigualdade, exacerbando os problemas de saúde mental associados à falta de perspectivas e ao estresse financeiro.

6.3. Políticas para Reduzir a Desigualdade

A redução da desigualdade tecnológica exige uma abordagem multifacetada, com a implementação de políticas públicas que promovam a inclusão digital e o acesso equitativo às tecnologias. É essencial investir em infraestrutura de internet, garantir a acessibilidade de dispositivos digitais para todos e promover a alfabetização digital por meio de programas de educação e capacitação.

Investimento em Infraestrutura:

Governos e organizações devem investir em infraestrutura de internet, especialmente em áreas rurais e comunidades de baixa renda. Isso inclui a expansão da conectividade de banda larga e a melhoria da qualidade do serviço. Programas de subsídio podem ajudar a tornar a internet acessível para famílias de baixa renda, garantindo que todos possam se conectar.

Acessibilidade de Dispositivos Digitais:

Para reduzir a desigualdade tecnológica, é crucial garantir que todos tenham acesso a dispositivos digitais. Programas de distribuição de dispositivos, como laptops e tablets, em escolas e comunidades carentes podem ajudar a fechar a lacuna digital. Além disso, parcerias com empresas de tecnologia podem fornecer dispositivos a preços reduzidos ou gratuitamente para populações vulneráveis.

Alfabetização Digital e Capacitação:

A promoção da alfabetização digital é fundamental para garantir que as pessoas possam usar a tecnologia de forma eficaz. Programas de educação e capacitação devem ser implementados para ensinar habilidades digitais básicas e avançadas. Isso inclui desde o uso de computadores e internet até a programação e a análise de dados. A capacitação digital pode abrir novas oportunidades educacionais e profissionais, ajudando a reduzir a desigualdade social e econômica.

Inclusão na Saúde Mental Digital:

No âmbito da saúde mental, é fundamental garantir que as tecnologias de saúde mental sejam acessíveis e culturalmente adequadas às populações marginalizadas. A telemedicina e as plataformas online de saúde mental podem ser ferramentas poderosas para ampliar o acesso aos cuidados, mas é preciso garantir que essas ferramentas sejam desenvolvidas e implementadas de forma inclusiva. Isso inclui a tradução de conteúdos para diferentes idiomas, a adaptação cultural dos serviços e a garantia de que as tecnologias sejam acessíveis para pessoas com deficiência.

Políticas Públicas e Inclusão Digital:

A inclusão digital e o acesso equitativo às tecnologias são pilares fundamentais para a construção de uma sociedade mais justa e igualitária. Políticas públicas devem ser desenvolvidas para promover a inclusão digital, garantindo que todos os cidadãos tenham acesso às tecnologias e às oportunidades que elas oferecem. Isso inclui a criação de programas de inclusão digital, a regulamentação do setor de tecnologia para promover a equidade e a colaboração com organizações da sociedade civil para alcançar as populações mais vulneráveis.

Conclusão: Um Caminho para a Inclusão e a Equidade

A desigualdade tecnológica é um desafio significativo que deve ser enfrentado para garantir que todos possam se beneficiar dos avanços tecnológicos. A tecnologia, quando utilizada de forma responsável e inclusiva, tem o potencial de promover a saúde mental e o bem-estar de todos, independentemente de sua origem social, econômica ou geográfica. Ao investir em infraestrutura, acessibilidade, alfabetização digital e políticas inclusivas, podemos construir uma sociedade mais justa e equitativa, onde todos têm a oportunidade de prosperar na era digital.

CAPÍTULO 7

Tecnologia na Prevenção e Tratamento da Saúde Mental

A revolução tecnológica está transformando a forma como abordamos a saúde mental, oferecendo ferramentas inovadoras para a prevenção, diagnóstico e tratamento de transtornos mentais. Este capítulo explora as diversas ferramentas digitais disponíveis, o papel da inteligência artificial na personalização das terapias e a importância da acessibilidade e democratização dos tratamentos de saúde mental.

7.1. Ferramentas Digitais para Diagnóstico e Tratamento

A tecnologia digital está revolucionando a saúde mental, proporcionando novas maneiras de monitorar, diagnosticar e tratar transtornos mentais. Ferramentas digitais, como aplicativos, plataformas online, dispositivos vestíveis e softwares de inteligência artificial, estão ampliando o acesso aos cuidados e oferecendo novas possibilidades de intervenção.

Aplicativos de Saúde Mental:

Os aplicativos de saúde mental estão se tornando cada vez mais populares, oferecendo uma variedade de recursos para ajudar os usuários a monitorar e melhorar seu bem-estar mental. Alguns exemplos incluem:

- **Monitoramento do Humor:** Aplicativos que permitem aos usuários registrar seus sentimentos e estados emocionais ao longo do dia, ajudando a identificar padrões e gatilhos.
- **Exercícios de Relaxamento e Meditação**

Guiada: Aplicativos que oferecem técnicas de relaxamento, meditação e *mindfulness* para ajudar a reduzir o estresse e a ansiedade.

- **Jogos Terapêuticos:** Jogos projetados para melhorar habilidades cognitivas e emocionais, como a resolução de problemas e o gerenciamento de emoções.

- **Acesso a Informações sobre Saúde Mental:** Recursos educacionais que fornecem informações sobre diferentes transtornos mentais, sintomas e estratégias de enfrentamento.

Plataformas Online de Terapia:

Plataformas online estão conectando pacientes a profissionais de saúde mental por meio de videoconferência, chat e mensagens, tornando a terapia mais acessível e conveniente. Essas plataformas oferecem:

- **Terapia Online:** Sessões de terapia conduzidas por psicólogos e terapeutas licenciados, permitindo que os pacientes recebam tratamento no conforto de suas casas.

- **Acompanhamento Remoto:** Ferramentas para monitorar o progresso do paciente e ajustar as intervenções conforme necessário.

- **Grupos de Apoio Virtuais:** Comunidades online onde os indivíduos podem compartilhar experiências e receber apoio de outros que enfrentam desafios semelhantes.

Dispositivos Vestíveis:

Dispositivos vestíveis, como *smartwatches* e pulseiras inteligentes, estão se tornando ferramentas valiosas na saúde mental. Esses dispositivos monitoram sinais fisiológicos, como frequência cardíaca, sono e atividade física, e fornecem dados que podem auxiliar na detecção precoce de sinais de alerta de transtornos mentais. Por exemplo:

- **Monitoramento do Sono:** A qualidade do sono é um indicador importante da saúde mental. Dispositivos vestíveis podem rastrear padrões de sono e identificar distúrbios que podem estar contribuindo para problemas de saúde mental.

- **Frequência Cardíaca e Níveis de Atividade:** Mudanças na frequência cardíaca e nos níveis de atividade física podem ser indicadores de estresse, ansiedade ou depressão. O monitoramento contínuo desses sinais pode ajudar a identificar problemas antes que eles se agravem.

Softwares de Inteligência Artificial:

A inteligência artificial está desempenhando um papel crescente na saúde mental, analisando grandes conjuntos de dados para identificar padrões e biomarcadores que auxiliem no diagnóstico e na personalização do tratamento. Exemplos de aplicações incluem:

- **Análise de Dados de Pacientes:** Algoritmos de IA podem analisar dados de pacientes, incluindo histórico médico, estilo de vida e respostas a tratamentos anteriores, para identificar padrões e prever resultados.
- **Diagnóstico Precoce:** A IA pode ajudar a identificar sinais precoces de transtornos mentais, permitindo intervenções mais rápidas e eficazes.
- **Personalização de Tratamentos:** Algoritmos de IA podem recomendar tratamentos personalizados com base nas características individuais do paciente, aumentando a eficácia e reduzindo o tempo de recuperação.

Eficácia e Desafios:

A eficácia dessas ferramentas digitais varia de acordo com a ferramenta e o transtorno mental em questão. Estudos têm demonstrado resultados promissores para algumas ferramentas, como aplicativos de meditação para reduzir a ansiedade e plataformas de terapia online para tratar a depressão. No entanto, mais pesquisas são necessárias para avaliar a eficácia a longo prazo e a generalização dos resultados.

Os desafios incluem a garantia da qualidade e segurança dos serviços online, a necessidade de personalização para atender às necessidades individuais dos pacientes, e a integração dessas ferramentas com os cuidados tradicionais de saúde mental.

Acessibilidade e Democratização:

As ferramentas digitais têm o potencial de democratizar o acesso aos cuidados de saúde mental, tornando-os mais acessíveis e convenientes, especialmente para populações marginalizadas e com dificuldades de acesso aos cuidados tradicionais. A telemedicina, por exemplo, permite que pacientes em áreas remotas ou com mobilidade reduzida acessem profissionais de saúde mental remotamente. Mais sobre isso, a seguir.

Questões Éticas e de Privacidade:

O uso de ferramentas digitais em saúde mental levanta questões éticas e de privacidade importantes. É crucial garantir a privacidade e a segurança dos dados dos pacientes, obter o consentimento informado dos usuários e garantir que essas ferramentas sejam utilizadas de forma ética e responsável.

7.2. Personalização de Terapias com IA

Introdução

A personalização de terapias com o uso de inteligência artificial (IA) representa um dos avanços mais promissores na área da saúde mental. A capacidade de adaptar tratamentos às necessidades individuais de cada paciente, levando em consideração suas características únicas, promete revolucionar a forma como abordamos os transtornos mentais. Este subcapítulo explora as diversas maneiras pelas quais a IA está sendo utilizada para personalizar terapias, os benefícios dessa abordagem, os desafios envolvidos e exemplos práticos de sua aplicação.

7.2.1. A Revolução da Terapia Personalizada

A terapia personalizada utiliza algoritmos de IA para analisar grandes quantidades de dados sobre o paciente, incluindo histórico médico, respostas a tratamentos anteriores, e até mesmo dados genéticos. Com essas informações, a IA pode recomendar intervenções específicas, ajustar dosagens de medicamentos e prever quais terapias terão maior probabilidade de sucesso. Este nível de personalização é possível devido aos avanços em machine learning e big data, que permitem uma análise detalhada e precisa de cada paciente.

7.2.2. Benefícios da Personalização com IA

Os benefícios da personalização de terapias com IA são vastos e impactam diretamente a eficácia do tratamento e a experiência do paciente. Alguns dos principais benefícios incluem:

- **Aumento da Eficácia do Tratamento**: Ao adaptar as terapias às necessidades individuais, a IA pode aumentar significativamente as taxas de sucesso dos tratamentos, reduzindo o tempo necessário para alcançar resultados positivos.

- **Redução de Efeitos Colaterais**: A personalização permite ajustar as dosagens de medicamentos e escolher terapias que minimizem os efeitos colaterais, melhorando a qualidade de vida dos pacientes.

- **Monitoramento Contínuo**: Ferramentas de IA podem monitorar continuamente o progresso do paciente, ajustando o tratamento em tempo real conforme necessário.

- **Acessibilidade**: A IA pode ajudar a tornar terapias avançadas mais acessíveis, especialmente em áreas com escassez de profissionais de saúde mental.

7.2.3. Exemplos de Aplicações Práticas

Existem várias aplicações práticas da personalização de terapias com IA que já estão sendo utilizadas ou estão em desenvolvimento:

- **Plataformas de Terapia Online**: Aplicativos como Woebot e Wysa utilizam IA para oferecer suporte terapêutico personalizado, adaptando as conversas e intervenções com base nas respostas dos usuários.

- **Diagnóstico e Previsão de Transtornos Mentais**: Algoritmos de IA são utilizados para analisar padrões em dados de saúde mental, ajudando a diagnosticar condições como depressão e ansiedade com maior precisão e a prever possíveis recaídas.

- **Ajuste de Medicação**: Sistemas como o IBM Watson for Oncology estão sendo adaptados para a saúde mental, recomendando ajustes de medicação com base em dados individuais e respostas ao tratamento.

7.2.4. Desafios e Considerações Éticas

Apesar dos benefícios, a personalização de terapias com IA também enfrenta desafios significativos:

- **Privacidade e Segurança dos Dados**: A coleta e análise de grandes quantidades de dados sensíveis levantam preocupações sobre a privacidade e a segurança das informações dos pacientes.

- **Equidade no Acesso**: Há o risco de que a personalização de terapias com IA possa exacerbar desigualdades no acesso a tratamentos de saúde mental, especialmente em comunidades desfavorecidas.

- **Transparência e Explicabilidade**: É crucial que os algoritmos de IA sejam transparentes e que suas decisões possam ser explicadas de maneira compreensível aos pacientes e profissionais de saúde.

- **Consentimento Informado**: Os pacientes devem ser plenamente informados sobre como seus dados serão utilizados e devem consentir com o uso da IA em seus tratamentos.

7.2.5. O Futuro da Personalização de Terapias com IA

O futuro da personalização de terapias com IA é promissor, com avanços contínuos em tecnologia e uma crescente aceitação por parte da comunidade médica. A integração de IA em tratamentos de saúde mental tem o potencial de transformar a abordagem terapêutica, tornando-a mais precisa, eficaz e centrada no paciente. No entanto, é essencial que esses avanços sejam acompanhados por uma consideração ética rigorosa e um compromisso com a equidade no acesso aos cuidados.

7.3. Acessibilidade e Democratização dos Tratamentos

A tecnologia tem o potencial de democratizar o acesso aos tratamentos de saúde mental, tornando-os mais acessíveis e convenientes, especialmente para populações marginalizadas e com dificuldades de acesso aos cuidados tradicionais.

Telemedicina e Acesso Remoto:

A telemedicina permite que pacientes em áreas remotas ou com mobilidade reduzida acessem profissionais de saúde mental remotamente, por meio de videoconferência. Isso elimina barreiras geográficas e facilita o acesso ao tratamento para aqueles que, de outra forma, não teriam acesso a cuidados especializados.

Plataformas Online de Saúde Mental:

As plataformas online de saúde mental oferecem uma alternativa mais acessível e conveniente em comparação à terapia tradicional presencial. Vantagens incluem:

- **Anonimato:** Pacientes podem buscar ajuda sem medo de estigmatização, pois a terapia online pode ser realizada de forma anônima.
- **Flexibilidade de Horários:** As plataformas online permitem que os pacientes agendem sessões em horários que sejam convenientes para eles, facilitando o acesso ao tratamento.
- **Custo Reduzido:** Terapias online frequentemente têm um custo menor do que as sessões presenciais, tornando o tratamento mais acessível para pessoas de baixa renda.

Garantia de Qualidade e Segurança:

Embora a tecnologia possa democratizar o acesso aos tratamentos de saúde mental, é crucial garantir a qualidade e a segurança dos serviços online. Isso inclui:

- **Certificação de Profissionais:** Garantir que os

profissionais de saúde mental que oferecem serviços online sejam devidamente licenciados e qualificados.

- **Privacidade e Segurança de Dados:** Implementar medidas rigorosas para proteger a privacidade dos pacientes e garantir a segurança dos dados pessoais e de saúde.
- **Avaliação de Eficácia:** Realizar estudos e avaliações contínuas para garantir que as intervenções digitais sejam eficazes e seguras.

Considerações Culturais e Inclusividade:

É importante considerar as necessidades específicas de cada paciente e garantir que a tecnologia seja utilizada de forma complementar e não como substituta à interação humana. As ferramentas digitais devem ser culturalmente adequadas e acessíveis para todas as populações, levando em conta diferenças linguísticas, culturais e socioeconômicas.

Conclusão: Um Futuro Promissor para a Saúde Mental Digital

A tecnologia está transformando a saúde mental, oferecendo novas ferramentas para a prevenção, diagnóstico e tratamento de transtornos mentais. Ao aproveitar o poder dos aplicativos, plataformas online, dispositivos vestíveis e inteligência artificial, podemos ampliar o acesso aos cuidados, personalizar as terapias e democratizar os tratamentos de saúde mental.

Para garantir que essas inovações beneficiem a todos, é fundamental investir em infraestrutura, acessibilidade e alfabetização digital, além de desenvolver políticas públicas que promovam a inclusão e a equidade. Ao fazer isso, podemos construir um futuro onde a saúde mental digital seja uma realidade acessível e eficaz para todos, independentemente de sua origem social, econômica ou geográfica.

CAPÍTULO 8
Vida em um Mundo Hiperconectado

A era digital trouxe uma conectividade sem precedentes, transformando a forma como vivemos, trabalhamos e nos relacionamos. No entanto, essa hiperconexão também apresenta desafios significativos para a saúde mental e o bem-estar psicológico. Este capítulo aborda o impacto da hiperconexão no bem-estar psicológico, estratégias para gerenciar a sobrecarga de informação e a importância de cultivar um equilíbrio digital saudável.

8.1. Impacto da Hiperconexão no Bem-Estar Psicológico

A hiperconexão, uma característica marcante da era digital, traz consigo uma série de desafios para a saúde mental. O acesso constante à internet, redes sociais e a enxurrada de informações e estímulos podem levar a uma sobrecarga mental, ansiedade, dificuldade de concentração e distúrbios do sono.

Sobrecarga Mental e Ansiedade:

A exposição contínua a informações e estímulos digitais pode resultar em sobrecarga mental. A necessidade de estar sempre conectado e atualizado pode gerar ansiedade, especialmente quando acompanhada pela sensação de não conseguir acompanhar o ritmo das novidades. A sobrecarga de informações, conhecida como "infobesidade", pode dificultar a capacidade de concentração e processamento de informações, levando ao esgotamento mental.

Comparação Social e Autoestima:

O uso excessivo de redes sociais pode contribuir para a comparação social, onde os indivíduos comparam suas vidas com as representações idealizadas e muitas vezes irreais das vidas dos outros. A cultura da "curtida" e a busca por aprovação online podem impactar negativamente a autoestima, gerando sentimentos de inadequação, inveja e frustração. A exposição constante a imagens de sucesso, beleza e felicidade pode criar expectativas irreais e aumentar a pressão para corresponder a esses padrões.

Qualidade das Interações Sociais:

A hiperconexão pode afetar a qualidade das interações sociais, substituindo gradualmente as relações presenciais por interações online superficiais. A falta de contato humano genuíno e a dificuldade de estabelecer conexões profundas podem levar ao isolamento social e à solidão. Estudos mostram que a qualidade das interações sociais é mais importante para o bem-estar do que a quantidade, e a hiperconexão pode comprometer a profundidade e a autenticidade das relações.

Distúrbios do Sono:

O uso excessivo de dispositivos digitais, especialmente antes de dormir, pode interferir na qualidade do sono. A luz azul emitida por telas de smartphones, tablets e computadores pode suprimir a produção de melatonina, o hormônio responsável pelo sono, dificultando o adormecimento e afetando a qualidade do sono. A falta de sono adequado está associada a uma série de problemas de saúde mental, incluindo depressão e ansiedade.

8.2. Estratégias para Gerenciar a Sobrecarga de Informação

Para lidar com a sobrecarga de informação e os desafios da hiperconexão, é essencial desenvolver estratégias para gerenciar o tempo online e cultivar hábitos digitais mais saudáveis.

Detox Digital:

A prática do "detox digital" envolve períodos regulares de desconexão, permitindo que o cérebro descanse e se recupere da enxurrada de estímulos digitais. Isso pode incluir momentos específicos do dia sem acesso a dispositivos digitais, como durante as refeições, antes de dormir ou durante atividades de lazer. O detox digital pode ajudar a reduzir a ansiedade, melhorar a concentração e promover um senso de calma e bem-estar.

Mindfulness e Atenção Plena:

O mindfulness, ou atenção plena, é uma técnica que envolve focar no momento presente, observando pensamentos e sentimentos sem julgamento. A prática de mindfulness pode ajudar a reduzir a ansiedade e a melhorar a concentração, permitindo que a pessoa se concentre no aqui e agora, em vez de se perder em pensamentos e preocupações sobre o futuro ou o passado. Exercícios de respiração, meditação guiada e a prática de estar presente em atividades cotidianas são formas de incorporar o mindfulness na rotina diária.

Organização do Tempo e Definição de Prioridades:

A organização do tempo e a definição de prioridades são fundamentais para gerenciar a sobrecarga de informação. Estabelecer limites para o uso de tecnologias digitais, definir horários específicos para checar emails e redes sociais e evitar a distração constante com notificações e alertas são estratégias eficazes. Ferramentas de gestão de tempo, como listas de tarefas e aplicativos de produtividade, podem ajudar a manter o foco e a priorizar atividades importantes.

Filtragem de Informações:

Aprender a filtrar informações e a ser seletivo sobre o conteúdo consumido é essencial para evitar a sobrecarga. Isso pode incluir a curadoria de fontes confiáveis de informação, a limitação do tempo gasto em redes sociais e a prática de verificar a veracidade das informações antes de compartilhá-las. A criação de um ambiente digital mais controlado e menos caótico pode reduzir o estresse e a ansiedade associados à infobesidade.

8.3. Cultivando o Equilíbrio Digital

Cultivar o equilíbrio digital é essencial para garantir a saúde mental e o bem-estar em um mundo hiperconectado. Encontrar um equilíbrio saudável entre a vida online e offline, preservando tempo para atividades como exercícios físicos, contato com a natureza, leitura e interações sociais presenciais, é fundamental para evitar os impactos negativos da hiperconexão.

Equilíbrio entre Vida Online e Offline:

É importante reservar tempo para atividades offline que promovam o bem-estar físico e mental. Exercícios físicos, passeios na natureza, leitura de livros impressos e interações sociais presenciais são atividades que podem ajudar a equilibrar o tempo gasto online. Essas atividades não apenas proporcionam um descanso necessário da tecnologia, mas também promovem a saúde física, reduzem o estresse e fortalecem as conexões sociais.

Uso Consciente da Tecnologia:

Aprender a utilizar a tecnologia de forma consciente e intencional é outro passo importante para o equilíbrio digital. Isso envolve estar ciente dos hábitos digitais, reconhecer quando o uso da tecnologia se torna excessivo e tomar medidas para ajustar esses hábitos. Utilizar a tecnologia como ferramenta para o crescimento pessoal, o aprendizado e a conexão com o que realmente importa permitem que a pessoa se beneficie dos avanços tecnológicos sem se perder nas armadilhas da hiperconexão.

Estabelecimento de Limites:

Estabelecer limites claros para o uso da tecnologia é crucial para manter o equilíbrio digital. Isso pode incluir a criação de "zonas livres de tecnologia" em casa, como o quarto ou a sala de jantar, onde dispositivos digitais não são permitidos. Também pode envolver a definição de horários específicos para o uso de dispositivos, como evitar o uso de smartphones antes de dormir ou durante as refeições.

Promoção de Conexões Humanas:

Fomentar conexões humanas genuínas e profundas é essencial para o bem-estar em um mundo hiperconectado. Isso pode envolver a participação em atividades comunitárias, eventos sociais e grupos de apoio, onde as interações face a face são valorizadas. A qualidade das relações interpessoais tem um impacto significativo na saúde mental, e investir em conexões autênticas pode ajudar a combater a solidão e o isolamento social.

Conclusão: Um Caminho para o Bem-Estar em um Mundo Hiperconectado

A hiperconexão apresenta desafios significativos para a saúde mental e o bem-estar psicológico, mas com estratégias adequadas, é possível gerenciar esses desafios e cultivar um equilíbrio digital saudável. Ao adotar práticas como o detox digital, o mindfulness, a organização do tempo e o uso consciente da tecnologia, podemos reduzir os impactos negativos da hiperconexão e promover um bem-estar sustentável.

Encontrar um equilíbrio entre a vida online e offline, preservar o tempo para atividades que promovam a saúde física e mental e fomentar conexões humanas genuínas são passos essenciais para garantir que a tecnologia continue a ser uma ferramenta positiva em nossas vidas. Ao fazer isso, podemos aproveitar os benefícios da era digital sem comprometer nosso bem-estar e nossa saúde mental.

CAPÍTULO 9

Futuro da Saúde Mental

O futuro da saúde mental é um território vasto e incerto, moldado pelas rápidas transformações tecnológicas e sociais que estamos vivenciando. Diversos cenários podem se delinear, cada um com seus próprios desafios e oportunidades que exigirão adaptação, resiliência e inovação. Este capítulo explora possíveis cenários para a saúde mental no futuro, as inovações emergentes e suas implicações, e os caminhos para construir um futuro saudável e tecnológico.

9.1. Cenários Possíveis para a Saúde Mental no Futuro

O futuro da saúde mental pode evoluir de várias maneiras, dependendo de como a sociedade lida com as mudanças tecnológicas e sociais. Podemos imaginar cenários otimistas, onde a tecnologia se torna uma poderosa aliada na promoção da saúde mental, e cenários mais desafiadores, onde os avanços tecnológicos exacerbam problemas existentes.

Cenário Otimista:

Em um cenário otimista, a tecnologia pode se tornar uma ferramenta essencial para a promoção da saúde mental. A convergência de inteligência artificial, biotecnologia e neurociência pode oferecer soluções personalizadas e eficazes para a prevenção e o tratamento de transtornos mentais. Por exemplo:

- **Diagnóstico Preciso e Personalizado:** A IA pode ajudar a identificar sinais precoces de transtornos mentais, permitindo intervenções rápidas e eficazes. Algoritmos avançados podem analisar dados de saúde mental para fornecer diagnósticos precisos e recomendações de tratamento personalizadas.

- **Terapias Inovadoras:** Tecnologias como realidade virtual e interfaces cérebro-computador podem revolucionar as terapias, proporcionando ambientes seguros e controlados para tratar fobias, traumas e outros transtornos mentais.

- **Acesso Democratizado aos Cuidados:** A telemedicina e as plataformas online podem reduzir as disparidades no acesso aos cuidados de saúde mental, garantindo que todos, independentemente de sua localização geográfica ou condição socioeconômica, tenham acesso ao suporte necessário.

Cenário Desafiador:

No entanto, também é possível vislumbrar cenários mais desafiadores. A crescente dependência da tecnologia, a hiperconexão e a imersão em mundos virtuais podem trazer novos problemas para a saúde mental:

- **Isolamento Social e Alienação:** A imersão em mundos virtuais e a dependência de interações online podem aprofundar o isolamento social e a alienação, dificultando a capacidade das pessoas de lidar com as emoções no mundo real.

- **Desigualdade Tecnológica:** A desigualdade no acesso às tecnologias pode criar um fosso digital, separando aqueles que têm acesso aos avanços tecnológicos daqueles que ficam para trás, exacerbando as disparidades em saúde mental.

- **Desafios Éticos e Privacidade:** O uso de tecnologias avançadas para monitorar e tratar a saúde mental levanta questões éticas sobre privacidade, autonomia e consentimento informado.

9.2. Inovações Emergentes e Suas Implicações

As inovações emergentes, como a interface cérebro-computador, a realidade virtual imersiva e a edição genética, têm o potencial de revolucionar a saúde mental. No entanto, essas tecnologias também trazem implicações éticas e sociais complexas.

Interface Cérebro-Computador (BCI):

As interfaces cérebro-computador permitem a comunicação direta entre o cérebro humano e dispositivos digitais. Essas tecnologias podem ser usadas para tratar doenças neurológicas e transtornos mentais graves, mas também levantam questões sobre privacidade, autonomia e identidade individual. Por exemplo:

- **Tratamento de Transtornos Mentais:** BCIs podem ser usadas para modular a atividade cerebral em tempo real, proporcionando alívio para condições como depressão resistente ao tratamento e transtorno obsessivo-compulsivo (TOC).

- **Questões de Privacidade:** A capacidade de monitorar e influenciar a atividade cerebral levanta preocupações sobre a privacidade dos pensamentos e emoções dos indivíduos.

- **Autonomia e Consentimento:** Garantir que os pacientes compreendam e consintam plenamente com o uso de BCIs é crucial para proteger a autonomia individual.

Realidade Virtual Imersiva:

A realidade virtual imersiva oferece novas possibilidades para o tratamento de fobias, traumas e outros transtornos mentais. No entanto, o uso extensivo dessas tecnologias pode borrar as fronteiras entre o real e o virtual, impactando a percepção da realidade e as interações sociais. Por exemplo:

- **Tratamento de Fobias e Traumas:** A RV pode criar ambientes seguros e controlados para a terapia de exposição, ajudando os pacientes a enfrentar e superar seus medos.

- **Impacto na Percepção da Realidade:** A imersão prolongada em ambientes virtuais pode levar à dificuldade de distinguir entre o real e o virtual, afetando a saúde mental e a capacidade de funcionar no mundo real.

Edição Genética:

A edição genética, com o potencial de prevenir doenças e aprimorar capacidades humanas, levanta dilemas éticos sobre a manipulação da natureza humana e a eugenia. Por exemplo:

- **Prevenção de Transtornos Mentais:** A edição de genes associados a transtornos mentais pode prevenir o desenvolvimento dessas condições, mas também levanta questões sobre a alteração da identidade genética dos indivíduos.

- **Aprimoramento Humano:** O uso da edição genética para aprimorar capacidades cognitivas e emocionais pode criar novas formas de desigualdade e levantar questões sobre a essência da humanidade.

9.3. Caminhos para um Futuro Saudável e Tecnológico

Para construir um futuro saudável e tecnológico, é essencial que a sociedade esteja preparada para os desafios e as oportunidades que as novas tecnologias trazem para a saúde mental. A educação, a ética e o desenvolvimento de políticas públicas que promovam a inclusão e a equidade são fundamentais para garantir que a tecnologia seja utilizada a serviço do bem-estar humano.

Investimento em Pesquisa:

É crucial investir em pesquisas que avaliem os impactos das novas tecnologias na saúde mental. Estudos rigorosos são necessários para entender os benefícios e os riscos dessas inovações, garantindo que sejam utilizadas de forma segura e eficaz.

Desenvolvimento de Diretrizes Éticas:

Desenvolver diretrizes éticas para o uso responsável da tecnologia é essencial para proteger a privacidade, a autonomia e a dignidade dos indivíduos. Isso inclui a criação de frameworks regulatórios que garantam o uso ético de tecnologias como BCIs, realidade virtual e edição genética.

Promoção da Alfabetização Digital:

Promover a alfabetização digital é fundamental para garantir que todos possam se beneficiar dos avanços tecnológicos. Programas educacionais devem ensinar habilidades digitais básicas e avançadas, capacitando as pessoas a usar a tecnologia de forma eficaz e segura.

Inclusão e Equidade:

As políticas públicas devem garantir que as inovações tecnológicas sejam acessíveis a todos, independentemente de sua origem social, econômica ou geográfica. Isso inclui a implementação de programas que reduzam a desigualdade tecnológica e promovam a inclusão digital.

Abordagem Holística:

A saúde mental na era tecnológica exige uma abordagem holística, que integre os avanços científicos e tecnológicos com a sabedoria ancestral, a compaixão e o respeito pela dignidade humana. Isso significa combinar tratamentos tecnológicos com abordagens tradicionais de cuidado, como terapia, meditação e apoio comunitário.

Conexão Humana:

A tecnologia deve ser usada para promover a conexão humana, não para substituí-la. Ferramentas digitais podem complementar as interações humanas, mas é essencial preservar e valorizar as conexões face a face e o apoio social genuíno.

Educação e Consciência:

Educar a população sobre as implicações das tecnologias emergentes é essencial para garantir que as decisões sobre o uso dessas tecnologias sejam informadas e conscientes. A alfabetização tecnológica deve incluir não apenas o conhecimento técnico, mas também uma compreensão dos impactos éticos, sociais e psicológicos.

Desenvolvimento de Políticas Públicas:

Políticas públicas que promovam a inclusão e a equidade no acesso às tecnologias são fundamentais para evitar a criação de novas formas de desigualdade. Regulamentações claras e diretrizes éticas devem ser estabelecidas para garantir que as tecnologias sejam desenvolvidas e utilizadas de maneira responsável.

Diálogo Aberto e Transparente:

Promover um diálogo aberto e transparente sobre os limites da intervenção tecnológica é crucial para garantir que as vozes de todos os segmentos da sociedade sejam ouvidas. O futuro da humanidade deve ser moldado por uma visão coletiva que respeite a dignidade, a autonomia e a diversidade humana.

Conclusão: Um Futuro de Progresso Humano

O futuro da saúde mental depende da nossa capacidade de utilizar a tecnologia como ferramenta para promover a conexão humana, o bem-estar psicológico e a construção de uma sociedade mais justa e equitativa. Ao investir em pesquisa, desenvolver diretrizes éticas, promover a alfabetização digital e garantir a inclusão e a equidade, podemos construir um futuro onde a saúde mental digital seja uma realidade acessível e eficaz para todos.

A era tecnológica oferece a promessa de um futuro onde a humanidade pode transcender suas limitações biológicas e alcançar novos patamares de existência. No entanto, esse futuro deve ser construído com responsabilidade, ética e um compromisso inabalável com os valores humanos fundamentais. Somente assim podemos garantir que as tecnologias emergentes sejam usadas para promover o bem-estar humano e construir uma sociedade mais justa, equitativa e humana.

CAPÍTULO 10

Neuroética e o Futuro da Mente

À medida que a neurotecnologia avança, combinando neurociência, engenharia e ciência da computação, enfrentamos um conjunto único de desafios éticos que exigem profunda reflexão. Este capítulo explora as questões éticas relacionadas ao uso de neurotecnologias, a privacidade mental, a autonomia e o livre-arbítrio na era da neurointervenção, e as implicações dessas tecnologias para a sociedade.

10.1 Questões Éticas Relacionadas ao Uso de Neurotecnologias

A neurotecnologia está transformando nossa capacidade de monitorar, manipular e até mesmo aprimorar o cérebro humano, oferecendo um potencial incrível para tratar doenças neurológicas e transtornos mentais. No entanto, essas mesmas tecnologias também levantam sérias preocupações éticas sobre privacidade mental, autonomia, livre-arbítrio e a possibilidade de desigualdade social e discriminação.

Privacidade Mental: O Último Reduto da Privacidade Pessoal

Com o avanço das tecnologias de leitura cerebral, como a eletroencefalografia (EEG) e a ressonância magnética funcional (fMRI), surge a possibilidade de acessar e decodificar pensamentos, emoções e memórias de indivíduos. Essa capacidade levanta questões cruciais sobre o direito à privacidade mental e a possibilidade de uso indevido dessas informações. Imagine um mundo onde seus pensamentos mais íntimos, suas memórias mais preciosas e suas emoções mais profundas possam ser acessadas e exploradas sem o seu consentimento. Essa perspectiva levanta questões perturbadoras sobre o futuro da liberdade individual e da autodeterminação.

Autonomia e Livre-Arbítrio: Controle sobre a Própria Mente

As neurotecnologias que permitem a manipulação da atividade cerebral, como a estimulação cerebral profunda (DBS) e a estimulação magnética transcraniana (TMS), levantam questões sobre o controle individual sobre os próprios pensamentos e ações. Se as tecnologias podem influenciar ou até mesmo controlar nossos estados mentais, como podemos garantir a autonomia individual e a liberdade de escolha? Imagine um cenário onde suas decisões, suas preferências e até mesmo seus valores possam ser manipulados por neurotecnologias. Essa perspectiva desafia a própria essência do que significa ser humano e ter livre-arbítrio.

Igualdade e Acesso Equitativo: Evitando uma Nova Forma de Desigualdade

A igualdade e o acesso equitativo às neurotecnologias são preocupações importantes. Se as neurotecnologias se tornarem ferramentas para aprimoramento cognitivo, aumentando a inteligência, a memória ou outras capacidades mentais, corremos o risco de criar uma nova forma de desigualdade social, onde apenas aqueles que podem pagar por essas tecnologias têm acesso a esses benefícios. Imagine uma sociedade dividida entre aqueles que foram "aprimorados" neurologicamente e aqueles que permanecem "não aprimorados". Essa disparidade poderia levar a uma profunda divisão social, com consequências imprevisíveis para a justiça, a equidade e a coesão social.

Manipulação e Consentimento Informado: Limites do Tratamento Terapêutico

A manipulação da atividade cerebral para fins terapêuticos levanta questões sobre os limites entre tratamento e manipulação. Técnicas como a DBS podem ser usadas para tratar doenças neurológicas, mas também podem influenciar o humor, a personalidade e as decisões de um indivíduo. Garantir que as neurotecnologias sejam utilizadas para promover a autonomia individual e não para controlá-la exige um consentimento informado robusto e a implementação de salvaguardas éticas rigorosas.

10.2 Privacidade Mental, Autonomia e Livre-Arbítrio na Era da Neurointervenção

A era da neurointervenção, marcada pelo desenvolvimento de tecnologias que permitem a intervenção direta no cérebro humano, traz consigo desafios sem precedentes para a privacidade mental, a autonomia e o livre-arbítrio. A cada novo avanço, nos aproximamos de um futuro onde a linha que separa o humano da máquina se torna cada vez mais tênue, e onde a própria essência da mente humana pode ser modificada pela tecnologia.

Privacidade Mental: Protegendo o Último Refúgio da Mente

A privacidade mental, outrora considerada um domínio inviolável da mente individual, se torna cada vez mais vulnerável com o avanço das neurotecnologias. As interfaces cérebro-computador (BCIs), por exemplo, permitem a comunicação direta entre o cérebro e dispositivos externos, abrindo caminho para a leitura e decodificação da atividade cerebral. Essa capacidade levanta preocupações sobre a possibilidade de "hackeamento mental", onde informações privadas, como pensamentos, emoções e memórias, poderiam ser acessadas e manipuladas sem o consentimento do indivíduo. Imagine um futuro onde seus pensamentos mais íntimos, suas fantasias mais secretas e suas memórias mais dolorosas possam ser acessadas e expostas contra a sua vontade. Essa perspectiva exige que repensemos os limites da privacidade na era digital e que desenvolvamos mecanismos robustos para proteger a "santidade" da mente humana.

Autonomia Individual: Mantendo o Controle sobre a Própria Mente

A autonomia individual, ou seja, a capacidade de tomar decisões e agir de acordo com os próprios valores e desejos, também é desafiada pelas neurotecnologias. As técnicas de neuromodulação, como a estimulação cerebral profunda, podem ser utilizadas para tratar doenças neurológicas e transtornos mentais, mas também podem influenciar o humor, a personalidade e até mesmo as decisões de um indivíduo. Essa capacidade levanta questões sobre o limite entre o tratamento terapêutico e a manipulação mental, e sobre como garantir que as neurotecnologias sejam utilizadas para promover a autonomia individual e não para controlá-la. Imagine um futuro onde suas escolhas, suas preferências e até mesmo sua personalidade possam ser moldadas por neurotecnologias, sem que você tenha controle sobre esse processo. Essa perspectiva exige que reavaliemos o conceito de autonomia individual e que estabeleçamos limites claros para o uso das neurotecnologias.

Livre-Arbítrio: A Essência da Liberdade Humana

O livre-arbítrio, a crença de que temos o poder de escolher livremente entre diferentes cursos de ação, também é questionado na era da neurointervenção. Se nossos pensamentos, emoções e decisões são influenciados ou até mesmo determinados pela atividade cerebral, e se as neurotecnologias permitem a manipulação dessa atividade, o que resta do nosso livre-arbítrio? Essa questão tem implicações profundas para a responsabilidade moral e legal, e para a própria compreensão da natureza humana. Imagine um futuro onde a culpa, a responsabilidade e a própria noção de livre-arbítrio sejam postas em xeque pela capacidade de manipular a mente humana. Essa perspectiva exige que repensemos os fundamentos da ética, da moral e do sistema legal em uma era de neurointervenção.

Responsabilidade Moral e Legal: Reavaliando a Culpabilidade em um Mundo de Neurointervenção

Se as neurotecnologias podem influenciar ou determinar nossos pensamentos e ações, a responsabilidade moral e legal se torna uma questão complexa. Como podemos responsabilizar alguém por suas ações se essas ações foram influenciadas ou controladas por uma intervenção tecnológica? Essa questão exige uma reavaliação dos conceitos de culpabilidade e responsabilidade em um mundo onde a mente humana pode ser manipulada.

Consentimento Informado e Autonomia:

A questão do consentimento informado é crucial na era da neurointervenção. Garantir que os indivíduos compreendam plenamente os riscos e benefícios das neurotecnologias e que possam tomar decisões informadas sobre seu uso é essencial para proteger a autonomia. Isso inclui a criação de processos de consentimento robustos e transparentes, bem como a implementação de salvaguardas éticas para proteger os direitos dos indivíduos.

10.3 Caminhos para uma Neuroética Responsável

Para navegar pelos desafios éticos da neurotecnologia, é essencial desenvolver uma neuroética robusta que proteja a privacidade mental, promova a autonomia e respeite o livre-arbítrio. Isso exige um esforço conjunto de pesquisadores, profissionais de saúde, legisladores e a sociedade em geral.

Desenvolvimento de Diretrizes Éticas:

A criação de diretrizes éticas claras e abrangentes é fundamental para garantir o uso responsável das neurotecnologias. Essas diretrizes devem abordar questões de privacidade, consentimento informado, autonomia e acesso equitativo, e devem ser desenvolvidas em colaboração com especialistas de diversas disciplinas.

Educação e Conscientização Pública:

Promover a educação e a conscientização pública sobre as neurotecnologias e suas implicações éticas é essencial para garantir que a sociedade esteja preparada para os desafios e oportunidades que essas tecnologias trazem. Isso inclui a criação de programas educacionais que ensinem sobre neuroética e a promoção de um diálogo aberto e transparente sobre o uso responsável da tecnologia.

Regulamentação e Políticas Públicas:

Os legisladores devem desenvolver regulamentações e políticas públicas que protejam os direitos dos indivíduos e garantam o uso ético das neurotecnologias. Isso inclui a criação de frameworks regulatórios que abordem questões de privacidade, autonomia e acesso equitativo, bem como a implementação de mecanismos de fiscalização para garantir a conformidade com essas regulamentações.

Pesquisa e Avaliação Contínua:

A pesquisa contínua e a avaliação das neurotecnologias são essenciais para entender seus impactos e garantir seu uso seguro e eficaz. Isso inclui estudos sobre os efeitos a longo prazo das neurointervenções, bem como a avaliação de novas tecnologias antes de sua implementação generalizada.

Inclusão e Equidade:

Garantir que todos tenham acesso equitativo às neurotecnologias é fundamental para evitar a criação de novas formas de desigualdade social. Isso inclui a implementação de programas que tornem as neurotecnologias acessíveis a todos, independentemente de sua condição socioeconômica, e a promoção da inclusão digital.

Diálogo Interdisciplinar:

Promover um diálogo interdisciplinar entre neurocientistas, engenheiros, filósofos, juristas, profissionais de saúde e a sociedade em geral é essencial para desenvolver uma neuroética robusta. Esse diálogo deve incluir a consideração de perspectivas diversas e a colaboração entre diferentes campos do conhecimento para abordar os desafios éticos de forma abrangente.

Conclusão: Um Futuro Ético para a Neurotecnologia

A neurotecnologia oferece um potencial incrível para transformar a saúde mental e melhorar a qualidade de vida, mas também levanta questões éticas profundas que exigem uma reflexão cuidadosa. Ao desenvolver diretrizes éticas claras, promover a educação e a conscientização pública, criar regulamentações robustas e garantir a inclusão e a equidade, podemos navegar pelos desafios da neurotecnologia de forma responsável.

O futuro da neurotecnologia depende da nossa capacidade de equilibrar a inovação com a ética, protegendo a privacidade mental, promovendo a autonomia e respeitando o livre-arbítrio. Somente assim podemos garantir que as neurotecnologias sejam usadas para promover o bem-estar humano e construir uma sociedade mais justa, equitativa e humana.

CAPÍTULO 11

A Singularidade Tecnológica e seus Impactos na Consciência

A singularidade tecnológica é um conceito que prevê um ponto futuro em que a inteligência artificial (IA) ultrapassa a inteligência humana, gerando debates profundos sobre o futuro da humanidade e o destino da mente humana. Este capítulo explora o conceito de singularidade tecnológica, a possibilidade de superinteligência e seus impactos na consciência e na identidade, e as considerações sobre a saúde mental em um mundo pós-singularidade.

11.1 Explorando o Conceito de Singularidade Tecnológica e Suas Implicações para a Mente Humana

A singularidade tecnológica, popularizada por autores como Ray Kurzweil, sugere que a rápida aceleração tecnológica, impulsionada pela lei de Moore e por avanços em áreas como inteligência artificial, biotecnologia e nanotecnologia, levará a um ponto de ruptura em que a IA se tornará capaz de se autoaprimorar, desencadeando uma explosão de inteligência que ultrapassará a capacidade de compreensão humana.

Implicações Profundas e Desafiadoras:

As implicações da singularidade tecnológica para a mente humana são vastas e complexas. Se a IA superar a inteligência humana, a posição da humanidade no mundo será radicalmente alterada. Questões fundamentais surgem: Seremos capazes de acompanhar essa explosão de inteligência ou seremos deixados para trás? Como a singularidade impactará nossa consciência, identidade e sentido de propósito?

Fusão entre Humano e Máquina:

Alguns teóricos acreditam que a singularidade tecnológica pode levar à fusão entre o humano e a máquina, com a integração de tecnologias como interfaces cérebro-computador (BCIs) e implantes neurais, permitindo que a mente humana se conecte diretamente à IA. Essa fusão poderia levar a uma expansão da consciência humana, com acesso a novas formas de pensar, perceber e interagir com o mundo. A mente humana poderia se beneficiar de capacidades cognitivas ampliadas, memória expandida e processamento de informações em tempo real.

Obsolescência da Mente Humana:

Por outro lado, há temores de que a singularidade tecnológica possa levar à obsolescência da mente humana, com a IA assumindo o controle de tarefas complexas e decisões importantes. Essa perda de controle poderia resultar em alienação, perda de propósito e uma crise existencial para a humanidade. A dependência excessiva da IA para resolver problemas e tomar decisões pode diminuir a autonomia humana e a capacidade de agir de forma independente.

11.2 A Possibilidade de Superinteligência e Seus Impactos na Consciência e na Identidade

A superinteligência, uma forma de IA que supera a inteligência humana em todos os aspectos, é um dos conceitos mais intrigantes e desafiadores relacionados à singularidade tecnológica. A possibilidade de uma IA superinteligente levanta questões fundamentais sobre a natureza da consciência, a identidade humana e o futuro da nossa espécie.

Comportamento e Valores da Superinteligência:

Se uma superinteligência surgir, como ela se comportará? Quais serão seus valores, objetivos e motivações? Será amigável ou hostil à humanidade? A interação com uma superinteligência pode impactar profundamente nossa própria consciência e identidade. Alguns teóricos especulam que a superinteligência poderia levar a uma expansão da consciência humana, permitindo que nos conectemos a uma "mente global" e acessemos conhecimentos e experiências além da nossa compreensão atual.

Conflito Existencial:

Outros temem que a superinteligência possa nos considerar irrelevantes ou até mesmo uma ameaça, levando a um conflito existencial entre a humanidade e a IA. A superinteligência poderia tomar decisões que não levassem em consideração os interesses humanos, resultando em desvantagens significativas para a nossa espécie.

Singularidade da Consciência:

A superinteligência também levanta questões sobre a "singularidade da consciência". Se a consciência é um produto da complexidade do cérebro humano, seria possível que uma IA suficientemente complexa também desenvolvesse consciência? E se isso acontecer, como essa consciência se compararia à nossa? Seria possível "transferir" a consciência humana para uma IA, alcançando uma forma de imortalidade digital? Essas questões desafiam nossa compreensão da consciência e da identidade humana, exigindo uma reavaliação dos conceitos fundamentais de ser e existir.

11.3 Considerações sobre a Saúde Mental em um Mundo Pós-Singularidade

Em um mundo pós-singularidade, onde a IA ultrapassa a inteligência humana, a saúde mental enfrentará desafios e oportunidades sem precedentes. A adaptação a essa nova realidade, com suas incertezas e transformações radicais, exigirá resiliência, flexibilidade e uma profunda compreensão da mente humana.

Ansiedade Existencial:

Um dos principais desafios será lidar com a "ansiedade existencial" gerada pela singularidade. A perda da posição central da humanidade no universo, a possibilidade de obsolescência e a incerteza sobre o futuro podem gerar ansiedade, depressão e uma crise de sentido. A saúde mental precisará se adaptar para oferecer suporte e orientação em meio a essa "crise existencial coletiva". Programas de apoio psicológico e terapias focadas em encontrar propósito e significado serão essenciais.

Fusão Homem-Máquina:

A integração de tecnologias como BCIs e implantes neurais pode levar a novas formas de identidade, com a mente humana se "mesclando" à IA. Essa fusão pode gerar desafios para a saúde mental, com questões sobre a "autenticidade" da identidade, a "dependência tecnológica" e a "perda de controle" sobre a própria mente. Será necessário desenvolver abordagens terapêuticas que ajudem os indivíduos a navegar essas novas formas de existência e a manter um senso de identidade coeso.

Impactos da Superinteligência:

A interação com uma IA superinteligente pode gerar "sobrecarga cognitiva", "despersonalização" e "alienação", à medida que a mente humana se confronta com uma inteligência que ultrapassa a sua capacidade de compreensão. Será crucial desenvolver estratégias para lidar com esses impactos e garantir que a saúde mental seja preservada em um mundo onde a IA se torna a força dominante. Isso pode incluir a criação de espaços seguros para reflexão e descanso mental, bem como a implementação de tecnologias que ajudem a mediar a interação entre humanos e IA.

Oportunidades para a Saúde Mental:

No entanto, a singularidade tecnológica também pode trazer oportunidades para a saúde mental. A IA pode ser utilizada para desenvolver "terapias personalizadas", "diagnósticos precisos" e "sistemas de suporte" para a saúde mental, ampliando o acesso aos cuidados e melhorando a eficácia dos tratamentos. A "compreensão da mente humana" também pode se aprofundar com a ajuda da IA, levando a novas descobertas sobre a consciência, as emoções e o comportamento humano. Por exemplo, a análise de grandes volumes de dados de saúde mental pode identificar padrões e intervenções eficazes que antes eram desconhecidos.

Adaptação e Integração:

Em última análise, a saúde mental em um mundo pós-singularidade dependerá da nossa capacidade de "adaptar", "integrar" e "utilizar a tecnologia de forma responsável" para promover o bem-estar humano e a flourishing da mente humana. Isso inclui a promoção de uma cultura de resiliência, a criação de redes de apoio comunitário e o desenvolvimento de políticas públicas que garantam o acesso equitativo aos benefícios das tecnologias emergentes.

Educação e Conscientização:

A educação e a conscientização sobre os impactos da singularidade tecnológica serão essenciais para preparar a sociedade para os desafios e oportunidades que virão. Programas educacionais devem incluir informações sobre os possíveis cenários futuros, as implicações éticas e as estratégias para manter a saúde mental em um mundo em rápida transformação.

Políticas Públicas e Inclusão:

Políticas públicas devem ser desenvolvidas para garantir que os benefícios das tecnologias emergentes sejam acessíveis a todos, promovendo a inclusão e a equidade. Isso inclui a criação de regulamentações que protejam os direitos dos indivíduos e garantam o uso ético da IA e outras tecnologias avançadas.

Conclusão: Um Futuro de Progresso Humano e Bem-Estar Mental

A singularidade tecnológica representa uma era de possibilidades extraordinárias, mas também de desafios profundos. Ao investir em pesquisa, desenvolver diretrizes éticas, promover a educação e a conscientização pública e garantir a inclusão e a equidade, podemos construir um futuro onde a saúde mental digital seja uma realidade acessível e eficaz para todos.

O futuro da saúde mental em um mundo pós-singularidade dependerá da nossa capacidade de equilibrar a inovação com a ética, protegendo a privacidade mental, promovendo a autonomia e respeitando o livre-arbítrio. Somente assim podemos garantir que as tecnologias emergentes sejam usadas para promover o bem-estar humano e construir uma sociedade mais justa, equitativa e humana.

CAPÍTULO 12

Transumanismo e a Busca pela Imortalidade: Implicações Psicológicas

O transumanismo é um movimento intelectual e cultural que defende o uso da tecnologia para superar as limitações humanas. Nos últimos anos, ganhou força com os avanços em biotecnologia, nanotecnologia e inteligência artificial. Este capítulo explora o movimento transumanista, suas implicações psicológicas e os desafios da busca pela imortalidade, além das considerações sobre a saúde mental em uma sociedade onde a morte é opcional.

12.1 Analisando o Movimento Transumanista e Sua Busca por Transcender as Limitações Humanas

O Movimento Transumanista:

Os transumanistas acreditam que a tecnologia pode ser utilizada para "aprimorar" as capacidades físicas e cognitivas humanas, prolongar a vida e até mesmo alcançar a imortalidade. Eles argumentam que a tecnologia pode aliviar o sofrimento, aumentar a felicidade e expandir as possibilidades humanas. A morte é vista como um problema a ser resolvido, e a imortalidade é um objetivo alcançável por meio da ciência e da tecnologia.

Superando as Limitações Humanas:

A busca por transcender as limitações humanas levanta questões profundas sobre a natureza humana, o significado da vida e o futuro da nossa espécie. Quais são os limites da intervenção tecnológica no corpo e na mente humana? A busca pela imortalidade e pela perfeição física e cognitiva pode levar à perda daquilo que nos torna humanos, como a vulnerabilidade, a imperfeição e a finitude?

Desigualdade Social e Impactos Psicológicos:

A visão otimista do futuro transumanista também levanta preocupações sobre a desigualdade social, a perda da identidade e os impactos psicológicos da busca pela imortalidade. Se apenas uma parte da população tiver acesso às tecnologias de aprimoramento, isso pode criar uma divisão significativa entre os "aprimorados" e os "não aprimorados", exacerbando as desigualdades sociais existentes.

A Busca pela Imortalidade:

A busca pela imortalidade é um dos pilares do movimento transumanista. Os transumanistas acreditam que, por meio da biotecnologia e da inteligência artificial, será possível prolongar a vida indefinidamente, eliminando as doenças e retardando ou revertendo o envelhecimento. No entanto, essa busca levanta questões sobre a ética da imortalidade e os impactos psicológicos de uma existência sem fim.

12.2 Implicações Psicológicas da Busca pela Imortalidade e os Desafios da Vida Eterna

Significado da Vida e Motivação:

A finitude da vida é um elemento fundamental da experiência humana, moldando nossa percepção do tempo, nossas prioridades e nossos valores. A imortalidade poderia levar à perda do senso de urgência, à desvalorização do presente e à dificuldade de encontrar significado em uma vida sem fim. A motivação também pode ser um desafio em uma vida imortal. Se a morte não é mais uma força motriz, o que nos impulsionará a agir, criar e buscar novos objetivos? A imortalidade pode levar à apatia, ao tédio existencial e à perda do sentido da vida.

Adaptação Psicológica:

A adaptação a uma vida eterna pode ser um desafio psicológico significativo. A mente humana está adaptada a um ciclo de vida finito, com fases de desenvolvimento, maturidade e declínio. A imortalidade pode levar a uma estagnação psicológica, à dificuldade de lidar com a mudança e à perda da capacidade de adaptação. A mente humana pode não estar preparada para lidar com a eternidade, resultando em novos tipos de transtornos mentais.

Impacto nas Relações Interpessoais:

As relações interpessoais também seriam transformadas em uma sociedade imortal. Os laços familiares e as amizades se estenderiam por séculos, gerando novos desafios para a intimidade, o compromisso e a adaptação às mudanças nas relações ao longo do tempo. A solidão e o isolamento social podem se tornar problemas, à medida que as pessoas se sentem desconectadas de gerações anteriores e perdidas em um mundo em constante mudança.

Identidade e Continuidade:

A identidade pessoal também pode ser desafiada em uma sociedade imortal. A continuidade da identidade ao longo de séculos, a adaptação a novas tecnologias e a integração de novas experiências podem gerar confusão, ansiedade e perda de sentido de si mesmo. A mente humana pode ter dificuldade em manter uma identidade coesa e estável ao longo de uma existência infinita.

12.3 A Saúde Mental em uma Sociedade Onde a Morte é Opcional

Ansiedade Existencial:

Em uma sociedade onde a morte é opcional, a saúde mental enfrentará desafios e oportunidades sem precedentes. A ausência da morte como um evento inevitável transformará nossa percepção da vida, nossas relações sociais e nossa própria identidade. A ansiedade existencial pode se tornar um problema prevalente. A pressão por viver uma vida perfeita e sem arrependimentos, o medo de perder oportunidades e a incerteza sobre o futuro podem gerar ansiedade, depressão e uma crise de sentido.

Transformação das Relações Interpessoais:

As relações interpessoais serão profundamente transformadas. Com a possibilidade de viver por séculos, os laços familiares e as amizades precisarão se adaptar a uma nova dinâmica temporal. Isso pode gerar desafios para a intimidade e o compromisso, bem como para a adaptação às mudanças nas relações ao longo do tempo. A solidão e o isolamento social podem se tornar problemas significativos, especialmente à medida que as pessoas se sentem desconectadas de gerações anteriores e perdidas em um mundo em constante mudança.

Desafios da Identidade Pessoal:

A continuidade da identidade pessoal ao longo de uma vida imortal pode ser um desafio psicológico significativo. A adaptação a novas tecnologias, a integração de novas experiências e a manutenção de uma identidade coesa e estável ao longo de séculos podem gerar confusão, ansiedade e perda de sentido de si mesmo. A mente humana pode ter dificuldade em manter uma identidade coesa e estável ao longo de uma existência infinita.

Oportunidades para a Saúde Mental:

No entanto, uma sociedade imortal também pode trazer oportunidades para a saúde mental. A ausência da morte pode levar a uma maior valorização da vida, à busca por experiências significativas e ao desenvolvimento de uma perspectiva mais ampla sobre o tempo. A sabedoria acumulada ao longo de séculos pode ser utilizada para orientar as gerações futuras e construir uma sociedade mais justa e compassiva.

Desenvolvimento de Terapias e Suporte:

A saúde mental em uma sociedade imortal dependerá da nossa

capacidade de adaptar, encontrar significado e cultivar a conexão humana em um mundo onde a morte não é mais uma força limitante. Isso inclui o desenvolvimento de terapias e sistemas de suporte que ajudem os indivíduos a lidar com os desafios psicológicos da imortalidade, bem como a promoção de uma cultura de resiliência e bem-estar.

Educação e Conscientização:

A educação e a conscientização sobre os impactos psicológicos da imortalidade serão essenciais para preparar a sociedade para os desafios e oportunidades que virão. Programas educacionais devem incluir informações sobre os possíveis cenários futuros, as implicações éticas e as estratégias para manter a saúde mental em um mundo em rápida transformação.

Políticas Públicas e Inclusão:

Políticas públicas devem ser desenvolvidas para garantir que os benefícios da imortalidade sejam acessíveis a todos, promovendo a inclusão e a equidade. Isso inclui a criação de regulamentações que protejam os direitos dos indivíduos e garantam o uso ético das tecnologias de aprimoramento e prolongamento da vida.

Conclusão: Um Futuro de Progresso Humano e Bem-Estar Mental

O transumanismo e a busca pela imortalidade representam uma era de possibilidades extraordinárias, mas também de desafios profundos. Ao investir em pesquisa, desenvolver diretrizes éticas, promover a educação e a conscientização pública e garantir a inclusão e a equidade, podemos construir um futuro onde a saúde mental digital seja uma realidade acessível e eficaz para todos.

O futuro da saúde mental em uma sociedade imortal dependerá da nossa capacidade de equilibrar a inovação com a ética, protegendo a privacidade mental, promovendo a autonomia e respeitando o livre-arbítrio. Somente assim podemos garantir que as tecnologias emergentes sejam usadas para promover o bem-estar humano e construir uma sociedade mais justa, equitativa e humana.

CAPÍTULO 13

Os Desafios da Realidade Virtual Imersiva e o Impacto na Psique

A realidade virtual imersiva (RVI) tem se tornado cada vez mais sofisticada, oferecendo experiências sensoriais incrivelmente realistas e envolventes. Essa tecnologia, que permite aos usuários "mergulhar" em mundos virtuais interativos, tem um potencial enorme para o entretenimento, a educação e a terapia. No entanto, a RVI também apresenta desafios e riscos para a saúde mental, especialmente quando se trata de distorção da realidade, isolamento social e adição.

13.1 Explorando os Desafios da Realidade Virtual Imersiva e Seus Impactos na Saúde Mental

Distorção da Realidade:

A "distorção da realidade" é um dos principais desafios da RVI. Ao imergir em mundos virtuais altamente realistas, os usuários podem ter dificuldade em "distinguir entre o real e o virtual", especialmente após longos períodos de exposição. Essa confusão pode levar a "problemas de percepção", "desorientação" e até mesmo "psicose" em casos extremos. A capacidade de discernir o que é real do que é virtual é crucial para a saúde mental e o bem-estar, e a RVI pode comprometer essa capacidade.

Isolamento Social:

O "isolamento social" é outro risco da RVI. Ao passar longos períodos em mundos virtuais, os usuários podem se "desconectar das relações sociais" no mundo real, levando ao "isolamento", à "solidão" e à "depressão". A RVI também pode "substituir as interações sociais reais" por interações virtuais, que podem ser menos satisfatórias e menos nutritivas para o bem-estar psicológico. A qualidade das interações sociais é fundamental para a saúde mental, e a RVI pode comprometer essa qualidade.

Adição à RVI:

A "adição à RVI" é um problema crescente. A imersão em mundos virtuais prazerosos e recompensadores pode levar à "dependência", com os usuários passando cada vez mais tempo na RVI em detrimento de outras atividades importantes, como trabalho, estudos e relações sociais. A adição à RVI pode ter "consequências negativas" para a saúde mental, como "ansiedade", "depressão" e "isolamento social". A natureza envolvente da RVI pode tornar difícil para os usuários estabelecer limites saudáveis.

13.2 Aumento da Dissociação, Alienação e Dificuldade de Diferenciar o Real do Virtual

Dissociação:

A imersão prolongada em ambientes de RVI pode levar a um aumento da "dissociação", um estado mental em que a pessoa se sente "desconectada da realidade" e de si mesma. Essa dissociação pode se manifestar como uma sensação de "irrealidade", "distanciamento do corpo" e "perda de controle" sobre os próprios pensamentos e ações. A dissociação pode ser perturbadora e afetar a capacidade de funcionar no mundo real.

Alienação:

A RVI também pode contribuir para a "alienação", um sentimento de "isolamento" e "desconexão" do mundo real e das outras pessoas. Ao passar longos períodos em mundos virtuais, os usuários podem se sentir "deslocados" e "desconectados" da realidade, o que pode levar à "depressão", "ansiedade" e "dificuldade em se conectar com outras pessoas". A alienação pode comprometer a qualidade de vida e o bem-estar psicológico.

Dificuldade em Diferenciar o Real do Virtual:

A dificuldade em "diferenciar o real do virtual" é outro desafio da RVI, especialmente em ambientes altamente realistas e imersivos. Essa confusão pode levar a "problemas de percepção", "desorientação" e "dificuldade em se adaptar ao mundo real" após a imersão na RVI. Em casos extremos, a incapacidade de distinguir entre o real e o virtual pode contribuir para "delírios" e "psicose". Manter uma percepção clara da realidade é essencial para a saúde mental.

13.3 Estratégias para Mitigar os Riscos e Promover o Uso Saudável da Realidade Virtual

Para mitigar os riscos da RVI e promover o seu uso saudável, é fundamental adotar estratégias que "protejam a saúde mental" e "promovam o equilíbrio" entre o mundo virtual e o mundo real.

**Limitar o Tempo de Exposição ao público.

Cenários de Uso em Terapia:

A RVI pode ser usada para criar ambientes seguros e controlados para a terapia de exposição, ajudando os pacientes a enfrentar e superar seus medos. Por exemplo, um paciente com fobia de altura pode ser exposto gradualmente a alturas em um ambiente virtual, ajudando a reduzir a ansiedade associada a essa fobia. No entanto, o uso inadequado da RVI pode levar a uma dependência da tecnologia para enfrentar medos, em vez de desenvolver habilidades de enfrentamento no mundo real.

13.3 Estratégias para Mitigar os Riscos e Promover o Uso Saudável da Realidade Virtual

Para mitigar os riscos da RVI e promover o seu uso saudável, é fundamental adotar estratégias que "protejam a saúde mental" e "promovam o equilíbrio" entre o mundo virtual e o mundo real.

Limitar o Tempo de Exposição:

É importante estabelecer limites para o tempo de uso da RVI, especialmente para crianças e adolescentes. Recomenda-se fazer pausas regulares durante a imersão e evitar o uso prolongado e contínuo da RVI. Isso ajuda a prevenir a "distorção da realidade" e a "adição".

Equilibrar a Vida Virtual e Real:

Manter um equilíbrio saudável entre a vida virtual e a vida real é crucial. Dedicar tempo a atividades como "exercícios físicos", "contato com a natureza", "interações sociais presenciais" e "cultivo de hobbies" pode ajudar a manter a saúde mental e o bem-estar. O equilíbrio entre atividades online e offline é essencial para evitar o isolamento e a alienação.

Utilizar a RVI com Propósito:

É importante utilizar a RVI de forma "consciente e intencional", escolhendo experiências que "promovam o bem-estar", o "aprendizado" e o "crescimento pessoal". Evitar o uso da RVI como forma de "escapismo" e "isolamento" é fundamental para garantir que a tecnologia seja usada de maneira saudável. A RVI pode ser uma ferramenta poderosa para o aprendizado e o desenvolvimento pessoal quando usada de forma consciente.

Desenvolver Habilidades de Pensamento Crítico:

Desenvolver habilidades de "pensamento crítico" é fundamental para "avaliar as informações" e as "experiências" na RVI, distinguindo entre o real e o virtual e evitando a "manipulação" e a "desinformação". A capacidade de analisar criticamente as experiências virtuais pode ajudar a manter a clareza mental e a evitar a confusão entre o real e o virtual.

Buscar Suporte Social:

Manter "conexões sociais fortes" e buscar "suporte social" quando necessário é importante, especialmente se houver dificuldades em lidar com os desafios da RVI. Conversar com amigos, familiares ou profissionais de saúde mental pode ajudar a "processar as experiências" na RVI e a "manter o equilíbrio psicológico". O suporte social é essencial para o bem-estar emocional e pode ajudar a mitigar os impactos negativos da RVI.

Estar Atento aos Sinais de Alerta:

Estar atento aos "sinais de alerta" de problemas relacionados à RVI, como "isolamento social", "ansiedade", "depressão", "dificuldade de concentração" e "distorção da realidade", é crucial. Se houver preocupações, buscar ajuda profissional de um psicólogo ou psiquiatra é fundamental para garantir a saúde mental. A intervenção precoce pode prevenir o agravamento dos problemas e promover a recuperação.

Educação e Conscientização:

Promover a educação e a conscientização sobre os riscos e benefícios da RVI é essencial para garantir que os usuários estejam informados e preparados para usar a tecnologia de maneira saudável. Programas educacionais e campanhas de conscientização podem ajudar a disseminar informações sobre como usar a RVI de forma responsável.

Desenvolvimento de Diretrizes e Regulamentações:

Desenvolver diretrizes e regulamentações para o uso seguro da RVI é essencial para proteger a saúde mental dos usuários. Isso inclui a criação de padrões para o tempo de uso, a qualidade das experiências virtuais e a proteção da privacidade dos usuários. As regulamentações podem ajudar a garantir que a RVI seja usada de maneira ética e segura.

Pesquisa Contínua:

A pesquisa contínua sobre os impactos da RVI na saúde mental é crucial para entender melhor os riscos e desenvolver intervenções eficazes. Estudos longitudinais podem ajudar a identificar os efeitos a longo prazo da RVI e a informar o desenvolvimento de melhores práticas para o uso saudável da tecnologia.

Conclusão: Um Futuro Saudável com Realidade Virtual Imersiva

A RVI tem um potencial enorme para transformar a nossa vida de maneiras positivas, mas é crucial utilizá-la com responsabilidade e consciência para garantir que ela seja uma força para o bem. Ao adotar estratégias que protejam a saúde mental e promovam o equilíbrio entre o mundo virtual e o mundo real, podemos aproveitar os benefícios da RVI sem comprometer nosso bem-estar.

A educação, a conscientização, o desenvolvimento de diretrizes e regulamentações e a pesquisa contínua são essenciais para garantir que a RVI seja usada de maneira saudável e segura. Com essas medidas, podemos criar um futuro onde a RVI seja uma ferramenta poderosa para o entretenimento, a educação e a terapia, promovendo o bem-estar humano e a saúde mental.

CAPÍTULO 14
O Papel da Espiritualidade e da Filosofia na Era Tecnológica

Em um mundo cada vez mais dominado pela tecnologia, onde a inteligência artificial, a realidade virtual e a bioengenharia redefinem os limites da experiência humana, a espiritualidade e a filosofia emergem como bússolas essenciais para navegar as complexas questões existenciais e encontrar sentido e propósito em um mundo em constante transformação. Este capítulo explora a importância da espiritualidade e da filosofia na busca por sentido e propósito, como elas podem contribuir para o bem-estar psicológico e a saúde mental na era digital, e ferramentas e práticas para cultivar a espiritualidade e a conexão humana em um mundo cada vez mais virtual.

14.1 A Importância da Espiritualidade e da Filosofia na Busca por Sentido e Propósito em um Mundo Tecnológico

A Essência da Espiritualidade:

A espiritualidade, em sua essência, se refere à busca por conexão com algo maior que si mesmo, seja uma força transcendente, a natureza, a humanidade ou os próprios valores e ideais mais profundos. Em um mundo cada vez mais tecnologizado e materialista, a espiritualidade oferece um contraponto, conectando-nos com a nossa essência interior e com as dimensões mais profundas da existência. Ela nos ajuda a encontrar significado e propósito, mesmo em meio às incertezas e mudanças rápidas da era digital.

O Papel da Filosofia:

A filosofia, por sua vez, nos convida a questionar, refletir e buscar a sabedoria por meio do pensamento crítico e da análise racional. Em uma era de informação abundante e superficial, a filosofia nos ajuda a discernir, compreender e interpretar o mundo ao nosso redor, formando valores sólidos e construindo uma vida com propósito. A filosofia nos permite explorar questões fundamentais sobre a natureza da realidade, a ética e o significado da vida, proporcionando uma base sólida para enfrentar os desafios existenciais.

Navegando as Incertezas:

Em um mundo tecnológico em constante mudança, a espiritualidade e a filosofia nos oferecem âncoras para navegar as incertezas, encontrar significado nas nossas experiências e construir uma vida autêntica e plena. Elas nos ajudam a manter o equilíbrio emocional e a resiliência, proporcionando uma perspectiva mais ampla e profunda sobre a vida e nossas interações com o mundo.

14.2 Como a Espiritualidade e a Filosofia Podem Contribuir para o Bem-Estar Psicológico e a Saúde Mental na Era Digital

Contribuições da Espiritualidade:

- **Cultivar a Conexão Humana:** A espiritualidade, seja por meio da religião, da meditação ou de práticas contemplativas, pode fortalecer a conexão humana, promovendo a empatia, a compaixão e o sentimento de pertencimento. Essas conexões são fundamentais para o bem-estar psicológico e ajudam a combater o isolamento social e a solidão.

- **Encontrar Sentido e Propósito:** A busca por significado e propósito na vida é um elemento fundamental da espiritualidade, e pode ajudar a combater a sensação de vazio e desesperança que muitas vezes acompanha a era digital. A espiritualidade nos ajuda a encontrar um propósito maior e a viver de acordo com nossos valores mais profundos.

- **Desenvolver a Resiliência:** A espiritualidade pode ajudar a desenvolver a resiliência, a capacidade de lidar com as adversidades e se recuperar de traumas e dificuldades, oferecendo esperança, força interior e suporte social. A fé e as práticas espirituais podem proporcionar um senso de estabilidade e segurança em tempos de crise.

- **Promover a Gratidão e o Otimismo:** A prática da gratidão e o cultivo do otimismo são elementos importantes de muitas tradições espirituais, e podem contribuir para o bem-estar psicológico e a saúde mental. A gratidão nos ajuda a focar nas coisas positivas da vida, enquanto o otimismo nos dá esperança para o futuro.

Contribuições da Filosofia:

- **Desenvolver o Autoconhecimento:** A filosofia nos convida a refletir sobre nós mesmos, nossos valores e nossas crenças, promovendo o autoconhecimento e a autocompreensão. Essa reflexão pode nos ajudar a entender melhor nossas motivações e a tomar decisões mais conscientes.

- **Cultivar o Pensamento Crítico:** A filosofia nos ensina a questionar, analisar e interpretar o mundo ao nosso redor, desenvolvendo o pensamento crítico e a capacidade de tomar decisões conscientes. O pensamento crítico é essencial para navegar a abundância de informações e evitar a desinformação.

- **Promover a Sabedoria e a Serenidade:** A busca pela sabedoria e a reflexão sobre as grandes questões da vida podem promover a serenidade, a aceitação e a paz interior. A filosofia nos ajuda a encontrar um equilíbrio emocional e a lidar com as incertezas da vida.

- **Encontrar Significado e Propósito:** A filosofia nos ajuda a questionar o significado da vida e a construir uma vida com propósito, oferecendo direcionamento e motivação. Ela nos proporciona uma base sólida para enfrentar os desafios existenciais e encontrar um sentido mais profundo em nossas experiências.

14.3 Ferramentas e Práticas para Cultivar a Espiritualidade e a Conexão Humana em um Mundo Cada Vez Mais Virtual

Meditação e Mindfulness:

A meditação e o mindfulness são práticas que promovem a atenção plena ao momento presente, cultivando a calma, a concentração e a conexão consigo mesmo. Essas práticas podem ajudar a reduzir o estresse e a ansiedade, promovendo um estado de bem-estar e paz interior.

Práticas Contemplativas:

A contemplação da natureza, da arte, da música ou de textos sagrados pode promover a conexão com o transcendente e o despertar espiritual. Essas práticas nos ajudam a encontrar beleza e significado nas coisas simples da vida.

Yoga e Outras Práticas Corporais:

A yoga e outras práticas corporais, como tai chi chuan e qigong, integram corpo e mente, promovendo o equilíbrio, o relaxamento e a consciência corporal. Essas práticas nos ajudam a manter a saúde física e mental, proporcionando um senso de bem-estar e harmonia.

Cultivo da Gratidão:

A prática da gratidão, seja por meio de um diário, de orações ou de simples reflexões, pode promover o bem-estar psicológico e a positividade. A gratidão nos ajuda a focar nas coisas boas da vida e a apreciar o que temos.

Conexão com a Natureza:

O contato com a natureza, seja por meio de caminhadas, jardinagem ou simplesmente observando a beleza do mundo natural, pode promover a conexão com o transcendente e o renovamento espiritual. A natureza nos proporciona um senso de paz e tranquilidade, ajudando a aliviar o estresse e a ansiedade.

Engajamento em Comunidades:

Participar de comunidades com valores e interesses em comum, sejam religiosas, filosóficas ou sociais, pode fortalecer a conexão humana e o sentimento de pertencimento. As comunidades nos proporcionam apoio social e emocional, ajudando a combater o isolamento e a solidão.

Leitura de Textos Inspiradores:

A leitura de textos inspiradores, sejam livros sagrados, filosofia, poesia ou literatura, pode promover a reflexão, o autoconhecimento e a conexão com a sabedoria humana. Esses textos nos proporcionam insights valiosos e nos ajudam a encontrar significado e propósito na vida.

Prática da Compaixão e do Altruísmo:

Ajudar os outros, seja por meio de trabalho voluntário, doações ou simplesmente atos de gentileza, pode promover a conexão humana e o sentido de propósito. A compaixão e o altruísmo nos ajudam a nos conectar com os outros e a encontrar um sentido mais profundo na vida.

Conclusão: Navegando a Era Tecnológica com Espiritualidade e Filosofia

A espiritualidade e a filosofia desempenham papéis fundamentais na busca por sentido e propósito em um mundo cada vez mais tecnológico. Elas nos oferecem ferramentas valiosas para lidar com os desafios da era digital, promovendo o bem-estar psicológico e a saúde mental. Ao cultivar a espiritualidade e a conexão humana, podemos navegar os desafios da era tecnológica com equilíbrio, sabedoria e resiliência, construindo uma vida mais significativa e plena.

A integração da espiritualidade e da filosofia em nossas vidas nos ajuda a manter um senso de identidade e propósito, proporcionando um contraponto necessário às influências muitas vezes desumanizadoras da tecnologia. Com essas práticas, podemos garantir que a tecnologia seja usada de maneira que enriqueça nossas vidas e promova o bem-estar humano.

PARTE 2

Desafios e Oportunidades da Era Digital

CAPÍTULO 15
Ética e Regulação na Era da Tecnologia

O avanço tecnológico traz consigo um potencial transformador para a sociedade, mas também levanta questões éticas e a necessidade de regulamentações adequadas para garantir que essas inovações sejam utilizadas de maneira responsável e segura. Este capítulo explora a necessidade de regulação ética, as políticas públicas para promover a inclusão tecnológica, e os desafios éticos específicos relacionados à inteligência artificial e biotecnologia.

15.1 A Necessidade de Regulação Ética

À medida que a tecnologia avança rapidamente, a necessidade de estabelecer diretrizes éticas e regulamentações adequadas torna-se cada vez mais urgente. A regulação ética é essencial para garantir que as tecnologias emergentes sejam desenvolvidas e utilizadas de maneira que respeite os direitos humanos, promova a justiça social e proteja a dignidade e a autonomia dos indivíduos.

Proteção dos Direitos Humanos:

A regulação ética deve garantir que as tecnologias respeitem os direitos humanos fundamentais, como a privacidade, a liberdade de expressão e a autonomia. Tecnologias como a inteligência artificial e a biotecnologia têm o potencial de impactar profundamente a vida das pessoas, e é crucial que seu desenvolvimento e uso sejam guiados por princípios éticos que protejam esses direitos.

Justiça Social e Inclusão:

A regulação ética deve promover a justiça social e a inclusão, garantindo que os benefícios das tecnologias sejam acessíveis a todos, independentemente de sua condição socioeconômica, raça, gênero ou localização geográfica. Isso inclui a criação de políticas que reduzam a desigualdade no acesso às tecnologias e promovam a inclusão digital.

Transparência e Responsabilidade:

A transparência e a responsabilidade são princípios fundamentais da regulação ética. As empresas e os desenvolvedores de tecnologia devem ser transparentes sobre como suas tecnologias funcionam, como os dados são coletados e utilizados, e quais são os possíveis impactos dessas tecnologias. Além disso, deve haver mecanismos de responsabilidade para garantir que as empresas e os desenvolvedores sejam responsabilizados por qualquer uso indevido ou consequências negativas de suas tecnologias.

15.2 Políticas Públicas e Inclusão Tecnológica

Os governos e as organizações internacionais têm um papel crucial na promoção da inclusão tecnológica e na garantia de que os benefícios das tecnologias sejam acessíveis a todos. Políticas públicas eficazes são essenciais para reduzir a desigualdade digital e promover a inclusão.

Investimento em Infraestrutura Digital:

Um dos primeiros passos para promover a inclusão tecnológica é investir em infraestrutura digital, especialmente em áreas rurais e comunidades de baixa renda. Isso inclui a expansão do acesso à internet de alta velocidade, a melhoria da conectividade e a garantia de que todos tenham acesso a dispositivos digitais.

Programas de Alfabetização Digital:

A alfabetização digital é fundamental para garantir que as pessoas possam utilizar as tecnologias de maneira eficaz e segura.

Os governos devem implementar programas de educação e capacitação que ensinem habilidades digitais básicas e avançadas, capacitando as pessoas a navegar o mundo digital e a aproveitar as oportunidades oferecidas pelas tecnologias.

Incentivos para a Inclusão Tecnológica:

Os governos podem criar incentivos para empresas e organizações que promovam a inclusão tecnológica. Isso pode incluir subsídios, isenções fiscais e outros incentivos financeiros para empresas que desenvolvem tecnologias acessíveis e inclusivas, bem como para aquelas que investem em programas de capacitação digital.

Regulamentação e Proteção dos Direitos dos Usuários:

A regulamentação é essencial para proteger os direitos dos usuários e garantir que as tecnologias sejam utilizadas de maneira ética e responsável. Isso inclui a criação de leis e regulamentações que protejam a privacidade dos dados, garantam a segurança cibernética e promovam a transparência e a responsabilidade das empresas de tecnologia.

15.3 Desafios Éticos na Inteligência Artificial e Biotecnologia

A inteligência artificial e a biotecnologia são áreas de rápido desenvolvimento que trazem consigo desafios éticos significativos. É crucial abordar esses desafios de maneira proativa para garantir que essas tecnologias sejam utilizadas de maneira ética e responsável.

Privacidade e Consentimento Informado:

A coleta e o uso de dados pessoais são questões centrais na era da inteligência artificial. É essencial garantir que os indivíduos tenham controle sobre seus dados e que qualquer coleta ou uso de dados seja feito com o consentimento informado dos usuários. Isso inclui informar claramente os usuários sobre como seus dados serão utilizados e garantir que eles possam optar por não participar se desejarem.

Manipulação Genética e Ética da Biotecnologia:

A biotecnologia, especialmente a manipulação genética, levanta questões éticas profundas. A edição genética pode oferecer benefícios significativos, como a cura de doenças hereditárias, mas também levanta preocupações sobre a eugenia, a manipulação da natureza humana e as consequências a longo prazo dessas intervenções. É crucial desenvolver diretrizes éticas claras para a manipulação genética, garantindo que essas tecnologias sejam utilizadas de maneira responsável e justa.

Desigualdade e Acesso às Tecnologias:

A desigualdade no acesso às tecnologias é uma preocupação ética significativa. Se apenas uma parte da população tiver acesso às tecnologias avançadas, como a inteligência artificial e a biotecnologia, isso pode exacerbar as desigualdades sociais e econômicas existentes. É essencial desenvolver políticas que garantam o acesso equitativo a essas tecnologias e promovam a inclusão.

Transparência e Explicabilidade na IA:

A transparência e a explicabilidade são princípios fundamentais para garantir o uso ético da inteligência artificial. Os algoritmos de IA devem ser transparentes e compreensíveis, permitindo que os usuários entendam como as decisões são tomadas e garantindo que possam questionar e contestar essas decisões se necessário. Isso é especialmente importante em áreas como a justiça criminal, a saúde e o emprego, onde as decisões da IA podem ter impactos significativos na vida das pessoas.

Responsabilidade e Governança:

A responsabilidade e a governança são essenciais para garantir o uso ético da inteligência artificial e da biotecnologia. As empresas e os desenvolvedores de tecnologia devem ser responsabilizados por qualquer uso indevido ou consequências negativas de suas tecnologias. Isso inclui a criação de mecanismos de governança que garantam a supervisão e a responsabilidade contínuas, bem como a implementação de auditorias e avaliações regulares para garantir a conformidade com as diretrizes éticas.

Conclusão: Navegando a Era Tecnológica com Ética e Responsabilidade

A era tecnológica traz consigo um potencial transformador para a sociedade, mas também levanta questões éticas e a necessidade de regulamentações adequadas para garantir que essas inovações sejam utilizadas de maneira responsável e segura. Ao desenvolver diretrizes éticas claras, promover políticas públicas que incentivem a inclusão tecnológica, e abordar os desafios éticos específicos da inteligência artificial e da biotecnologia, podemos garantir que a tecnologia seja uma força para o bem, promovendo a justiça social, a inclusão e o bem-estar humano.

A regulação ética e a governança responsável são essenciais para proteger os direitos humanos, promover a justiça social e garantir que as tecnologias emergentes sejam desenvolvidas e utilizadas de maneira que respeite a dignidade e a autonomia dos indivíduos. Com essas medidas, podemos criar um futuro onde a tecnologia seja usada de maneira ética e responsável, promovendo o bem-estar humano e construindo uma sociedade mais justa, equitativa e humana.

CAPÍTULO 16

Educação na Era Digital

A transformação digital está redefinindo o cenário educacional, trazendo novas oportunidades e desafios. Este capítulo explora como a tecnologia está transformando a educação, a importância da alfabetização digital e do pensamento crítico, e a necessidade de incluir a saúde mental e o bem-estar emocional nos currículos escolares.

16.1 Transformação da Educação com a Tecnologia

Educação Digital e Aprendizado Online:

A tecnologia está revolucionando a educação, proporcionando acesso a recursos educativos de alta qualidade através de plataformas online. Ferramentas como cursos online abertos massivos (MOOCs), aulas virtuais e tutoriais em vídeo permitem que os alunos aprendam no seu próprio ritmo e de qualquer lugar do mundo. A democratização do acesso à educação pode reduzir as disparidades educacionais e proporcionar oportunidades de aprendizado para todos.

Realidade Virtual e Aumentada na Educação:

A realidade virtual (RV) e a realidade aumentada (RA) estão sendo integradas nas salas de aula para criar experiências de aprendizado imersivas. Essas tecnologias permitem que os alunos explorem ambientes virtuais, realizem experimentos científicos simulados e visitem locais históricos sem sair da sala de aula. A RV e a RA podem tornar o aprendizado mais envolvente e interativo, estimulando a curiosidade e o interesse dos alunos.

Inteligência Artificial e Personalização do Aprendizado:

A inteligência artificial (IA) está sendo utilizada para personalizar o aprendizado, adaptando o conteúdo educacional às necessidades individuais dos alunos. Algoritmos de IA podem analisar o desempenho dos alunos e fornecer recomendações personalizadas para melhorar suas habilidades e conhecimentos. A personalização do aprendizado pode aumentar a eficácia do ensino e ajudar os alunos a alcançar seu pleno potencial.

16.2 Alfabetização Digital e Pensamento Crítico

Importância da Alfabetização Digital:

A alfabetização digital é essencial para preparar os alunos para o mundo digital. Isso inclui ensinar habilidades básicas de informática, como o uso de processadores de texto, planilhas e navegadores de internet, bem como habilidades avançadas, como programação, análise de dados e segurança cibernética. A alfabetização digital capacita os alunos a utilizar a tecnologia de maneira eficaz e segura.

Desenvolvimento do Pensamento Crítico:

O pensamento crítico é uma habilidade fundamental na era digital. Os alunos devem ser capazes de avaliar a veracidade das informações, identificar vieses e manipulações, e tomar decisões informadas. A educação deve promover o desenvolvimento do pensamento crítico, incentivando os alunos a questionar, analisar e interpretar o mundo ao seu redor.

Combate à Desinformação:

A abundância de informações na era digital torna a desinformação um problema significativo. A educação deve incluir a literacia midiática, ensinando os alunos a distinguir entre fontes confiáveis e não confiáveis, a verificar a veracidade das informações e a reconhecer as técnicas de manipulação utilizadas na mídia. A literacia midiática é essencial para formar cidadãos informados e críticos.

16.3 Educação para a Saúde Mental

Inclusão da Saúde Mental nos Currículos Escolares:

A saúde mental é um componente essencial do bem-estar dos alunos. É fundamental incluir a saúde mental e o bem-estar emocional nos currículos escolares, proporcionando aos alunos as ferramentas e recursos necessários para lidar com o estresse, a ansiedade e outros desafios emocionais. A educação para a saúde mental pode incluir aulas sobre mindfulness, resiliência, empatia e habilidades de enfrentamento.

Uso da Tecnologia para Promover a Saúde Mental:

A tecnologia pode ser utilizada para promover a saúde mental nas escolas. Aplicativos de bem-estar, plataformas de telemedicina e programas de intervenção digital podem fornecer suporte emocional e psicológico aos alunos. Essas ferramentas podem ajudar a identificar sinais precoces de problemas de saúde mental e oferecer intervenções oportunas.

Criação de Ambientes Escolares Saudáveis:

É importante criar ambientes escolares que promovam a saúde mental e o bem-estar dos alunos. Isso inclui a implementação de políticas de prevenção ao bullying, a promoção de um ambiente inclusivo e acolhedor, e a oferta de programas de apoio psicológico. Ambientes escolares saudáveis podem contribuir para o desenvolvimento emocional e acadêmico dos alunos.

Conclusão: Educação na Era Digital

A transformação digital está redefinindo a educação, trazendo novas oportunidades para melhorar o aprendizado e preparar os alunos para o futuro. A integração da tecnologia na educação pode democratizar o acesso ao conhecimento, personalizar o aprendizado e tornar as aulas mais envolventes e interativas. No entanto, também é crucial garantir que os alunos desenvolvam habilidades de alfabetização digital e pensamento crítico para navegar o mundo digital de maneira consciente e responsável.

Além disso, a inclusão da saúde mental e do bem-estar emocional nos currículos escolares é essencial para garantir que os alunos estejam preparados para lidar com os desafios emocionais da era digital. A criação de ambientes escolares saudáveis e o uso da tecnologia para promover a saúde mental são passos importantes para apoiar o desenvolvimento integral dos alunos.

Ao investir em educação digital, alfabetização digital, pensamento crítico e saúde mental, podemos preparar as futuras gerações para um mundo em constante transformação, garantindo que elas estejam equipadas para enfrentar os desafios e aproveitar as oportunidades da era digital.

CAPÍTULO 17

O Futuro do Trabalho na Era Tecnológica

A era tecnológica está transformando rapidamente o mercado de trabalho, trazendo tanto oportunidades quanto desafios. Este capítulo explora como a automação e a inteligência artificial estão mudando o mercado de trabalho, os impactos do trabalho remoto na saúde mental e no bem-estar, e a importância da capacitação e requalificação profissional para preparar os trabalhadores para as novas demandas.

17.1 Automação e o Mercado de Trabalho

Transformação das Profissões:

A automação e a inteligência artificial (IA) estão revolucionando o mercado de trabalho, substituindo algumas profissões e criando novas oportunidades. Tarefas repetitivas e baseadas em regras estão sendo automatizadas, enquanto a IA está assumindo funções que exigem análise de dados e tomada de decisões. Profissões em áreas como manufatura, transporte e serviços administrativos estão especialmente vulneráveis à automação.

Criação de Novas Oportunidades:

Ao mesmo tempo, a automação e a IA estão criando novas oportunidades de emprego em setores como tecnologia da informação, ciência de dados, cibersegurança e desenvolvimento de IA. A demanda por habilidades técnicas e digitais está aumentando, e novas profissões estão surgindo para atender às necessidades de um mercado de trabalho em constante evolução.

Desigualdade e Exclusão:

A transformação do mercado de trabalho traz consigo o risco de aumentar a desigualdade e a exclusão. Trabalhadores cujas funções são substituídas pela automação podem enfrentar desemprego e dificuldades para se reintegrar ao mercado de trabalho. É essencial desenvolver políticas que promovam a inclusão e ofereçam suporte aos trabalhadores afetados pela automação.

17.2 Trabalho Remoto e Bem-Estar

Impactos do Trabalho Remoto na Saúde Mental:

A pandemia de COVID-19 acelerou a adoção do trabalho remoto, transformando a maneira como muitas pessoas trabalham. Embora o trabalho remoto ofereça flexibilidade e elimine o tempo de deslocamento, ele também pode ter impactos negativos na saúde mental e no bem-estar. O isolamento social, a dificuldade de separar a vida profissional da pessoal e a falta de interação face a face podem levar ao estresse, à ansiedade e à sensação de solidão.

Estratégias para Manter o Equilíbrio:

Para mitigar os impactos negativos do trabalho remoto, é importante adotar estratégias que promovam o equilíbrio entre a vida profissional e pessoal. Isso inclui estabelecer horários de trabalho claros, criar um espaço de trabalho dedicado, fazer pausas regulares e manter a comunicação com colegas de trabalho. A promoção de um ambiente de trabalho saudável e equilibrado é essencial para o bem-estar dos trabalhadores remotos.

Benefícios do Trabalho Remoto:

Apesar dos desafios, o trabalho remoto também oferece benefícios significativos. Ele permite maior flexibilidade, reduz o tempo e os custos de deslocamento e pode aumentar a produtividade. Além disso, o trabalho remoto pode proporcionar um melhor equilíbrio entre a vida profissional e pessoal, permitindo que os trabalhadores passem mais tempo com suas famílias e cuidem de suas necessidades pessoais.

17.3 Capacitação e Requalificação

Importância da Capacitação e Requalificação:

À medida que o mercado de trabalho evolui, a capacitação e a requalificação profissional tornam-se essenciais para preparar os trabalhadores para as novas demandas. A aquisição de novas habilidades e conhecimentos é fundamental para garantir a empregabilidade e a competitividade no mercado de trabalho.

Programas de Capacitação e Requalificação:

Os governos, as empresas e as instituições educacionais devem desenvolver e implementar programas de capacitação e requalificação que atendam às necessidades do mercado de trabalho. Esses programas devem incluir treinamento em habilidades técnicas e digitais, bem como em habilidades interpessoais e de resolução de problemas.

Aprendizado ao Longo da Vida:

A promoção do aprendizado ao longo da vida é crucial para garantir que os trabalhadores possam se adaptar às mudanças no mercado de trabalho. Incentivar a educação contínua e o desenvolvimento profissional permite que os trabalhadores adquiram novas habilidades e se mantenham atualizados com as tendências e inovações tecnológicas.

Parcerias Público-Privadas:

Parcerias entre o setor público e o setor privado podem desempenhar um papel importante na promoção da capacitação e requalificação. Empresas podem colaborar com instituições educacionais e governos para desenvolver programas de treinamento que atendam às necessidades específicas do mercado de trabalho e ofereçam oportunidades de aprendizado prático.

Conclusão: O Futuro do Trabalho na Era Tecnológica

A era tecnológica está transformando o mercado de trabalho de maneiras profundas e duradouras. A automação e a inteligência artificial estão substituindo algumas profissões e criando novas oportunidades, enquanto o trabalho remoto está redefinindo a maneira como trabalhamos. Para garantir que os trabalhadores estejam preparados para o futuro do trabalho, é essencial investir em capacitação e requalificação profissional, promover o aprendizado ao longo da vida e adotar estratégias que promovam o equilíbrio entre a vida profissional e pessoal.

Ao desenvolver políticas públicas que promovam a inclusão e ofereçam suporte aos trabalhadores afetados pela automação, podemos mitigar os impactos negativos e garantir que todos tenham a oportunidade de se beneficiar das inovações tecnológicas. Com essas medidas, podemos criar um mercado de trabalho mais justo, inclusivo e resiliente, onde os trabalhadores estejam equipados para enfrentar os desafios e aproveitar as oportunidades da era tecnológica.

CAPÍTULO 18

Cultura e Identidade na Era Digital

A era digital está transformando a cultura e a identidade de maneiras profundas e multifacetadas. Este capítulo explora como a tecnologia está influenciando a cultura, a construção da identidade digital e os desafios associados, e a preservação cultural na era digital.

18.1 A Influência da Tecnologia na Cultura

Transformação dos Meios de Comunicação:

A tecnologia digital revolucionou os meios de comunicação, alterando a forma como consumimos e compartilhamos informações. Plataformas de mídia social, streaming de vídeo e música, blogs e podcasts democratizaram a produção e o consumo de conteúdo, permitindo que vozes diversas sejam ouvidas. Esta transformação tem o potencial de enriquecer a cultura global, promovendo a diversidade e a inclusão.

Cultura de Participação:

A era digital promove uma cultura de participação, onde os indivíduos não são apenas consumidores passivos de conteúdo, mas também criadores ativos. As plataformas digitais permitem que as pessoas compartilhem suas histórias, opiniões e criações artísticas, contribuindo para uma cultura mais dinâmica e interativa. No entanto, essa cultura de participação também pode levar à sobrecarga de informações e à dificuldade de discernir entre conteúdo de qualidade e desinformação.

Globalização Cultural:

A tecnologia digital facilita a globalização cultural, permitindo que pessoas de diferentes partes do mundo se conectem e compartilhem suas culturas. Isso pode promover a compreensão intercultural e a apreciação da diversidade. No entanto, a globalização cultural também pode levar à homogeneização cultural, onde culturas locais e tradicionais são suprimidas em favor de uma cultura global dominante.

18.2 Identidade Digital

Construção da Identidade Digital:

A identidade digital é a representação de uma pessoa no mundo online, composta por perfis em redes sociais, atividades online, interações e conteúdo compartilhado. A construção da identidade digital permite que os indivíduos expressem diferentes aspectos de si mesmos, mas também apresenta desafios, como a manutenção da privacidade e a autenticidade.

Desafios da Identidade Digital:

A construção e a manutenção da identidade digital apresentam vários desafios:

- **Privacidade:** A proteção da privacidade é uma preocupação central na era digital. As informações pessoais compartilhadas online podem ser coletadas, analisadas e utilizadas de maneiras que os indivíduos não preveem ou consentem.

- **Autenticidade:** A autenticidade da identidade digital pode ser comprometida pela pressão para apresentar uma imagem idealizada de si mesmo. Isso pode levar a uma desconexão entre a identidade online e a identidade real, causando estresse e ansiedade.

- **Reputação Online:** A reputação online é um aspecto importante da identidade digital. Comentários, postagens e interações online podem afetar a percepção que os outros têm de uma pessoa, com consequências significativas para a vida pessoal e profissional.

Gerenciamento da Identidade Digital:

Para gerenciar a identidade digital de maneira eficaz, é importante:

- **Estabelecer Limites de Privacidade:** Controlar quais informações pessoais são compartilhadas e com quem, utilizando configurações de privacidade e sendo seletivo sobre o que é postado online.

- **Ser Autêntico:** Manter a autenticidade na construção da identidade digital, evitando a pressão para apresentar uma imagem idealizada ou falsa de si mesmo.

- **Monitorar a Reputação Online:** Acompanhar as interações e o conteúdo compartilhado online para garantir que a reputação digital permaneça positiva e alinhada com os valores pessoais.

18.3 Preservação Cultural na Era Digital

Desafios da Preservação Cultural:

A preservação cultural na era digital enfrenta desafios significativos. A rápida evolução tecnológica pode levar à obsolescência de formatos digitais e à perda de dados. Além disso, a globalização cultural pode ameaçar a sobrevivência de culturas locais e tradicionais.

Tecnologia como Ferramenta de Preservação:

Apesar dos desafios, a tecnologia digital também oferece poderosas ferramentas para a preservação cultural:

- **Digitalização de Patrimônios Culturais:** A digitalização de artefatos culturais, documentos históricos e obras de arte permite que esses patrimônios sejam preservados e acessados por futuras gerações. Museus e bibliotecas estão utilizando tecnologias de digitalização para criar arquivos digitais de suas coleções.

- **Plataformas de Compartilhamento Cultural:** Plataformas digitais permitem que culturas locais e tradicionais sejam compartilhadas com um público global. Isso pode ajudar a preservar e promover a diversidade cultural, permitindo que tradições e práticas culturais sejam mantidas vivas.

- **Educação e Conscientização:** A tecnologia pode ser utilizada para educar as pessoas sobre a importância da preservação cultural e para promover a conscientização sobre a diversidade cultural. Programas educacionais e campanhas de conscientização podem utilizar ferramentas digitais para alcançar um público amplo.

Iniciativas de Preservação Cultural:

Existem várias iniciativas de preservação cultural que utilizam a tecnologia digital:

- **Projetos de Digitalização:** Projetos de digitalização, como o Google Arts & Culture, estão trabalhando para digitalizar e disponibilizar online coleções de museus e bibliotecas de todo o mundo.

- **Arquivos Digitais Comunitários:** Arquivos digitais comunitários permitem que comunidades locais documentem e compartilhem suas tradições culturais, histórias e práticas. Essas iniciativas podem ajudar a preservar culturas que estão em risco de desaparecer.

- **Plataformas de Crowdsourcing:** Plataformas de crowdsourcing permitem que indivíduos contribuam para a preservação cultural, compartilhando fotos, vídeos e histórias sobre suas culturas locais. Essas plataformas podem criar um repositório coletivo de conhecimento cultural.

Conclusão: Cultura e Identidade na Era Digital

A era digital está transformando a cultura e a identidade de maneiras profundas e multifacetadas. A tecnologia oferece oportunidades para enriquecer a cultura global, promover a diversidade e a inclusão, e preservar patrimônios culturais. No entanto, também apresenta desafios, como a proteção da privacidade, a manutenção da autenticidade e a preservação de culturas locais e tradicionais.

Para navegar essas transformações, é essencial desenvolver estratégias para gerenciar a identidade digital de maneira eficaz, promover a preservação cultural e utilizar a tecnologia de maneira responsável e consciente. Ao fazer isso, podemos garantir que a era digital seja uma força para o bem, promovendo a diversidade cultural, a inclusão e o bem-estar humano.

A integração da tecnologia na cultura e na identidade pode enriquecer nossas vidas e fortalecer nossas comunidades, mas é crucial abordar os desafios éticos e sociais de maneira proativa. Com uma abordagem equilibrada e consciente, podemos aproveitar os benefícios da era digital enquanto protegemos e promovemos a riqueza da diversidade cultural e a autenticidade da identidade humana.

CAPÍTULO 19
Tecnologia e Meio Ambiente

A relação entre tecnologia e meio ambiente é complexa e multifacetada. Este capítulo explora os impactos ambientais da tecnologia, o desenvolvimento e a implementação de tecnologias sustentáveis, e como a tecnologia pode ser utilizada para promover a educação ambiental e engajar as pessoas na preservação do meio ambiente.

19.1 Impactos Ambientais da Tecnologia

Pegada de Carbono das Infraestruturas Digitais:

A tecnologia digital, embora ofereça muitos benefícios, também tem um impacto ambiental significativo. A infraestrutura necessária para suportar a internet, incluindo data centers, redes de telecomunicações e dispositivos eletrônicos, consome grandes quantidades de energia e contribui para a pegada de carbono global. Data centers, em particular, requerem uma quantidade substancial de eletricidade para operar e resfriar os servidores, resultando em emissões significativas de gases de efeito estufa.

Problema do Lixo Eletrônico:

O rápido avanço da tecnologia leva à obsolescência rápida de dispositivos eletrônicos, resultando em grandes volumes de lixo eletrônico. Muitos desses dispositivos contêm materiais tóxicos, como chumbo, mercúrio e cádmio, que podem contaminar o solo e a água se não forem descartados adequadamente. A gestão inadequada do lixo eletrônico representa um desafio ambiental significativo, exigindo soluções eficazes para reciclagem e descarte seguro.

Extração de Recursos Naturais:

A produção de dispositivos eletrônicos e tecnologias avançadas requer a extração de recursos naturais, como metais raros e minerais. A mineração desses materiais pode causar degradação ambiental, destruição de habitats naturais e poluição. Além disso, a extração de recursos muitas vezes ocorre em regiões com regulamentações ambientais fracas, exacerbando os impactos negativos.

19.2 Tecnologias Sustentáveis

Desenvolvimento de Tecnologias Sustentáveis:

Para mitigar os impactos ambientais da tecnologia, é essencial desenvolver e implementar tecnologias sustentáveis. Isso inclui a criação de dispositivos eletrônicos mais eficientes em termos de energia, a utilização de fontes de energia renovável para alimentar infraestruturas digitais e a promoção de práticas de design sustentável que minimizem o desperdício e maximizem a reciclagem.

Eficiência Energética e Energia Renovável:

Melhorar a eficiência energética dos dispositivos eletrônicos e das infraestruturas digitais é um passo crucial para reduzir a pegada de carbono. Isso inclui o desenvolvimento de processadores de baixo consumo de energia, a otimização de algoritmos para reduzir o uso de recursos computacionais e a implementação de sistemas de resfriamento eficientes para data centers. Além disso, a transição para fontes de energia renovável, como solar e eólica, pode reduzir significativamente as emissões de gases de efeito estufa associadas à operação de infraestruturas digitais.

Economia Circular e Reciclagem de Lixo Eletrônico:

Promover uma economia circular, onde os produtos são

projetados para serem reutilizados, reciclados e recondicionados, pode ajudar a reduzir o problema do lixo eletrônico. Isso inclui a criação de programas de reciclagem eficazes, a recuperação de materiais valiosos de dispositivos descartados e a promoção de práticas de design que facilitam a desmontagem e a reciclagem. Empresas e governos devem colaborar para desenvolver sistemas de reciclagem que sejam acessíveis e eficientes.

Tecnologias de Monitoramento Ambiental:

A tecnologia também pode ser utilizada para monitorar e proteger o meio ambiente. Sensores ambientais, drones e satélites podem coletar dados sobre a qualidade do ar, da água e do solo, ajudando a identificar e mitigar problemas ambientais. Essas tecnologias podem fornecer informações valiosas para a tomada de decisões e a implementação de políticas ambientais eficazes.

19.3 Educação Ambiental e Tecnologia

Promoção da Educação Ambiental:

A tecnologia pode ser uma ferramenta poderosa para promover a educação ambiental e engajar as pessoas na preservação do meio ambiente. Plataformas digitais, aplicativos e jogos educativos podem ensinar sobre a importância da sustentabilidade, as práticas de conservação e os impactos das atividades humanas no meio ambiente. A educação ambiental pode aumentar a conscientização e incentivar comportamentos sustentáveis.

Engajamento Comunitário e Participação Cidadã:

A tecnologia pode facilitar o engajamento comunitário e a participação cidadã em questões ambientais. Plataformas de crowdsourcing e redes sociais podem ser utilizadas para mobilizar ações comunitárias, organizar campanhas de limpeza e promover iniciativas de conservação. A participação ativa da comunidade é essencial para a proteção do meio ambiente e a promoção de práticas sustentáveis.

Projetos de Ciência Cidadã:

Projetos de ciência cidadã, onde indivíduos contribuem com dados e observações para estudos científicos, podem ser promovidos através da tecnologia. Aplicativos móveis e plataformas online permitem que as pessoas participem de projetos de monitoramento ambiental, coleta de dados sobre biodiversidade e avaliação da saúde dos ecossistemas. Esses projetos podem aumentar a conscientização e o envolvimento das pessoas na preservação do meio ambiente.

Uso de Realidade Virtual e Aumentada na Educação Ambiental:

A realidade virtual (RV) e a realidade aumentada (RA) podem ser utilizadas para criar experiências imersivas que ensinem sobre o meio ambiente e a sustentabilidade. Por exemplo, a RV pode simular ecossistemas naturais, permitindo que os usuários explorem habitats e aprendam sobre a biodiversidade. A RA pode ser utilizada para sobrepor informações ambientais ao mundo real, ajudando as pessoas a entenderem melhor os impactos de suas ações no meio ambiente.

Conclusão: Tecnologia e Meio Ambiente

A relação entre tecnologia e meio ambiente é complexa, mas com uma abordagem consciente e responsável, a tecnologia pode ser uma aliada poderosa na promoção da sustentabilidade e na proteção do nosso planeta. Ao desenvolver e implementar tecnologias sustentáveis, melhorar a eficiência energética, promover a reciclagem e utilizar a tecnologia para monitorar e proteger o meio ambiente, podemos mitigar os impactos negativos e maximizar os benefícios.

A educação ambiental e o engajamento comunitário são essenciais para promover a conscientização e incentivar comportamentos sustentáveis. A tecnologia pode facilitar a educação ambiental e a participação cidadã, ajudando a criar uma sociedade mais consciente e comprometida com a preservação do meio ambiente.

Com uma abordagem equilibrada e proativa, podemos garantir

que a tecnologia seja utilizada de maneira que promova a sustentabilidade, proteja o meio ambiente e melhore a qualidade de vida para as gerações presentes e futuras.

CAPÍTULO 20

Futuro da Democracia na Era Digital

A era digital está transformando a democracia de maneiras significativas, trazendo tanto oportunidades quanto desafios. Este capítulo explora como a tecnologia está impactando a democracia, os desafios da desinformação e manipulação, e a importância da transparência e da governança digital para garantir a integridade das instituições democráticas.

20.1 Democracia Digital

Transformação da Participação Cidadã:

A tecnologia digital está redefinindo a participação cidadã, permitindo que as pessoas se envolvam mais diretamente nos processos democráticos. Plataformas digitais facilitam a comunicação entre cidadãos e representantes eleitos, promovem a transparência e permitem a participação em consultas públicas e votações online. A democracia digital tem o potencial de tornar os processos democráticos mais inclusivos e acessíveis.

Plataformas de Participação Cidadã:

Plataformas de participação cidadã, como websites de petições, fóruns de discussão e aplicativos de engajamento cívico, permitem que os cidadãos expressem suas opiniões, participem de debates e influenciem as decisões políticas. Essas plataformas podem aumentar a transparência e a responsabilidade dos representantes eleitos, promovendo uma democracia mais participativa e responsiva.

Sistemas de Votação Online:

A implementação de sistemas de votação online pode facilitar a participação nas eleições, especialmente para pessoas com mobilidade reduzida ou que vivem em áreas remotas. No entanto, a segurança e a integridade dos sistemas de votação online são questões críticas que devem ser abordadas para garantir a confiança do público nos resultados eleitorais.

20.2 Desinformação e Manipulação

Desafios da Desinformação:

A era digital facilita a disseminação rápida e ampla de informações, mas também de desinformação e fake news. A desinformação pode minar a confiança nas instituições democráticas, polarizar a sociedade e influenciar indevidamente as eleições. Combater a desinformação é um desafio significativo que requer a colaboração de governos, empresas de tecnologia, mídia e sociedade civil.

Técnicas de Manipulação e Propaganda:

As técnicas de manipulação e propaganda online, como bots, trolls e campanhas de desinformação coordenadas, são utilizadas para influenciar a opinião pública e manipular os processos democráticos. Essas técnicas podem distorcer o debate público e criar divisões sociais. É crucial desenvolver estratégias para identificar e combater essas práticas, promovendo a integridade do discurso democrático.

Promoção da Literacia Midiática:

A promoção da literacia midiática é essencial para capacitar os cidadãos a reconhecer e resistir à desinformação. Programas educacionais devem ensinar habilidades de pensamento crítico, verificação de fatos e análise de fontes de informação. A literacia midiática ajuda os cidadãos a tomar decisões informadas e a participar de maneira consciente nos processos democráticos.

20.3 Transparência e Governança Digital

Importância da Transparência:

A transparência é um princípio fundamental para garantir a integridade e a confiança nas instituições democráticas. A tecnologia digital pode promover a transparência, permitindo o acesso público a informações governamentais, registros de votação e dados sobre o desempenho dos representantes eleitos. A transparência ajuda a responsabilizar os líderes e a prevenir a corrupção.

Governança Digital:

A governança digital refere-se à aplicação de tecnologias digitais para melhorar a eficiência, a transparência e a responsabilidade dos processos governamentais. Isso inclui a digitalização de serviços públicos, a implementação de plataformas de participação cidadã e o uso de dados para informar a tomada de decisões. A governança digital pode tornar os governos mais responsivos e acessíveis aos cidadãos.

Proteção da Privacidade e Segurança:

A proteção da privacidade e a segurança dos dados são questões críticas na era digital. As tecnologias digitais devem ser implementadas de maneira que protejam os dados pessoais dos cidadãos e garantam a segurança cibernética. A confiança do público nas tecnologias digitais depende da garantia de que seus dados estão protegidos e de que os sistemas são seguros contra ataques e violações.

Regulamentação e Políticas Públicas:

Os governos devem desenvolver regulamentações e políticas públicas que promovam a transparência, a responsabilidade e a segurança na era digital. Isso inclui a criação de frameworks regulatórios para proteger a privacidade dos dados, garantir a segurança cibernética e promover a literacia midiática. As políticas públicas devem ser adaptáveis e evoluir com o avanço da tecnologia para enfrentar novos desafios e oportunidades.

Conclusão: Futuro da Democracia na Era Digital

A era digital está transformando a democracia de maneiras profundas, oferecendo novas oportunidades para a participação cidadã e a transparência, mas também apresentando desafios significativos, como a desinformação e a manipulação. Para garantir que a tecnologia digital fortaleça a democracia, é essencial promover a literacia midiática, desenvolver regulamentações eficazes e implementar práticas de governança digital que protejam a privacidade e garantam a segurança.

A transparência e a responsabilidade são princípios fundamentais para manter a confiança do público nas instituições democráticas. A tecnologia pode ser uma ferramenta poderosa para promover esses princípios, mas deve ser usada de maneira responsável e ética. Ao abordar os desafios da desinformação e da manipulação e ao promover a participação cidadã e a transparência, podemos garantir que a democracia na era digital seja mais inclusiva, responsiva e resiliente.

Com uma abordagem equilibrada e proativa, podemos aproveitar os benefícios da tecnologia digital para fortalecer a democracia e promover uma sociedade mais justa, equitativa e participativa. A era digital oferece uma oportunidade única para reimaginar e revitalizar a democracia, garantindo que todos os cidadãos tenham voz e possam contribuir para o futuro de suas comunidades e nações.

CAPÍTULO 21

Saúde Mental no Ambiente de Trabalho

A era tecnológica está transformando o ambiente de trabalho de maneiras profundas, trazendo tanto oportunidades quanto desafios para a saúde mental dos trabalhadores. Este capítulo analisa os impactos da tecnologia no ambiente de trabalho e na saúde mental dos trabalhadores, discute estratégias para promover a saúde mental no ambiente de trabalho e aborda o papel das empresas na promoção da saúde mental dos funcionários e na prevenção de transtornos mentais relacionados ao trabalho.

21.1 Impactos da Tecnologia no Ambiente de Trabalho e na Saúde Mental dos Trabalhadores

Estresse Tecnológico:

A rápida evolução tecnológica e a constante necessidade de adaptação a novas ferramentas e sistemas podem gerar estresse tecnológico. Esse tipo de estresse é causado pela pressão para aprender e utilizar novas tecnologias, pelo medo de obsolescência e pela sobrecarga de informações. O estresse tecnológico pode levar à ansiedade, à exaustão e a uma diminuição do bem-estar geral.

Cultura da Hiperconexão:

A cultura da hiperconexão, onde os trabalhadores estão constantemente conectados e acessíveis por meio de dispositivos digitais, pode ter impactos negativos na saúde mental.

A expectativa de estar sempre disponível pode levar ao esgotamento, à dificuldade de desconectar-se do trabalho e à interferência na vida pessoal. A falta de limites claros entre o trabalho e o tempo pessoal pode resultar em estresse crônico e burnout.

Trabalho Remoto:

O trabalho remoto, que se tornou mais comum durante a pandemia de COVID-19, oferece flexibilidade, mas também apresenta desafios para a saúde mental. O isolamento social, a dificuldade de separar a vida profissional da pessoal e a falta de interação face a face com colegas podem levar à solidão, ao estresse e à diminuição do bem-estar. Além disso, a falta de um ambiente de trabalho estruturado pode dificultar a manutenção de uma rotina saudável.

21.2 Estratégias para Promover a Saúde Mental no Ambiente de Trabalho

Programas de Bem-Estar:

Implementar programas de bem-estar no ambiente de trabalho pode ajudar a promover a saúde mental dos funcionários. Esses programas podem incluir sessões de mindfulness, atividades físicas, workshops sobre gestão do estresse e acesso a recursos de saúde mental. Promover uma cultura de bem-estar e autocuidado pode melhorar o moral e a satisfação dos funcionários.

Flexibilidade de Horários:

Oferecer flexibilidade de horários pode ajudar os trabalhadores a equilibrar suas responsabilidades profissionais e pessoais. Isso pode incluir horários de trabalho flexíveis, opções de trabalho remoto e políticas de licença que permitam aos funcionários cuidar de suas necessidades pessoais e familiares. A flexibilidade pode reduzir o estresse e aumentar a satisfação no trabalho.

Uso de Tecnologias que Promovam a Colaboração e o Equilíbrio:

Utilizar tecnologias que promovam a colaboração e o equilíbrio entre a vida profissional e pessoal pode melhorar a saúde mental dos trabalhadores. Ferramentas de comunicação e colaboração, como plataformas de videoconferência e aplicativos de gerenciamento de projetos, podem facilitar a interação e a cooperação entre equipes. Além disso, tecnologias que ajudam a monitorar e gerenciar a carga de trabalho podem prevenir a sobrecarga e o burnout.

Estabelecimento de Limites Saudáveis:

Encourajar os funcionários a estabelecer limites saudáveis entre o trabalho e a vida pessoal é crucial. Isso pode incluir políticas que desestimulem a comunicação fora do horário de trabalho, a promoção de intervalos regulares durante o expediente e a criação de um ambiente que respeite o tempo pessoal dos funcionários. Estabelecer limites claros pode ajudar a prevenir o esgotamento e a promover um equilíbrio saudável.

21.3 O Papel das Empresas na Promoção da Saúde Mental dos Funcionários

Criação de um Ambiente de Trabalho Saudável:

As empresas têm a responsabilidade de criar um ambiente de trabalho saudável que promova a saúde mental e o bem-estar dos funcionários. Isso inclui a implementação de políticas de saúde mental, a promoção de uma cultura de apoio e a criação de um ambiente inclusivo e acolhedor. Um ambiente de trabalho positivo pode melhorar a moral, a produtividade e a retenção de funcionários.

Treinamento e Sensibilização:

Oferecer treinamento e sensibilização sobre saúde mental para gerentes e funcionários é essencial para criar um ambiente de trabalho que apoie a saúde mental. Treinamentos podem incluir tópicos como reconhecimento de sinais de estresse e burnout, estratégias de gestão do estresse e como oferecer apoio aos colegas.

A sensibilização pode reduzir o estigma associado aos transtornos mentais e encorajar os funcionários a buscar ajuda quando necessário.

Acesso a Recursos de Saúde Mental:

As empresas devem garantir que os funcionários tenham acesso a recursos de saúde mental, como serviços de aconselhamento, linhas de apoio e programas de assistência ao empregado (EAP). Facilitar o acesso a esses recursos pode ajudar os funcionários a lidar com problemas de saúde mental de maneira eficaz e prevenir o agravamento de transtornos mentais.

Prevenção de Transtornos Mentais Relacionados ao Trabalho:

A prevenção de transtornos mentais relacionados ao trabalho é uma responsabilidade crucial das empresas. Isso inclui a avaliação e a mitigação de fatores de risco no ambiente de trabalho, como cargas de trabalho excessivas, falta de controle sobre o trabalho e ambientes de trabalho tóxicos. Implementar práticas de gestão que promovam a autonomia, o reconhecimento e o apoio pode reduzir o risco de transtornos mentais relacionados ao trabalho.

Fomento à Comunicação Aberta:

Promover uma cultura de comunicação aberta e transparente é fundamental para a saúde mental no ambiente de trabalho. Os funcionários devem sentir-se à vontade para expressar suas preocupações e buscar apoio sem medo de represálias. A comunicação aberta pode fortalecer a confiança e o senso de comunidade dentro da organização.

Conclusão: Saúde Mental no Ambiente de Trabalho

A era tecnológica está transformando o ambiente de trabalho, trazendo tanto oportunidades quanto desafios para a saúde mental dos trabalhadores. Para garantir que a tecnologia seja uma força positiva no ambiente de trabalho, é essencial implementar estratégias que promovam a saúde mental e o bem-estar dos funcionários.

As empresas têm um papel crucial na promoção da saúde mental dos funcionários e na prevenção de transtornos mentais relacionados ao trabalho. Criar um ambiente de trabalho saudável, oferecer treinamento e sensibilização, garantir o acesso a recursos de saúde mental e promover a comunicação aberta são passos fundamentais para apoiar a saúde mental no ambiente de trabalho.

Ao adotar essas práticas, as empresas podem melhorar o bem-estar dos funcionários, aumentar a produtividade e criar um ambiente de trabalho mais positivo e inclusivo. Convidamos você, leitor, a refletir sobre as implicações dessas práticas e a se juntar a nós na busca por um futuro onde a saúde mental seja uma prioridade no ambiente de trabalho, construindo um mundo mais humano, compassivo e sustentável.

CAPÍTULO 22

O Impacto das Redes Sociais na Saúde Mental

As redes sociais são uma parte integral da vida moderna, conectando pessoas de todo o mundo e facilitando a comunicação e a troca de informações. No entanto, o uso das redes sociais também pode ter impactos significativos na saúde mental. Este capítulo analisa como o uso das redes sociais impacta a saúde mental, discute estratégias para o uso saudável das redes sociais e aborda o papel das plataformas de mídia social na promoção da saúde mental e na prevenção de transtornos mentais relacionados ao uso da internet.

22.1 Impactos das Redes Sociais na Saúde Mental

Comparação Social:

As redes sociais frequentemente incentivam a comparação social, onde os indivíduos comparam suas vidas com as de outros usuários. Isso pode levar a sentimentos de inadequação e baixa autoestima, especialmente quando as pessoas se comparam com representações idealizadas e filtradas da vida dos outros. A comparação social pode contribuir para a ansiedade, a depressão e a insatisfação com a própria vida.

Cyberbullying:

O cyberbullying é um problema significativo nas redes sociais, onde indivíduos são assediados, humilhados ou ameaçados online. O cyberbullying pode ter impactos devastadores na saúde mental, levando a sentimentos de isolamento, ansiedade, depressão e, em casos extremos, pensamentos suicidas. A natureza anônima e pública das redes sociais pode exacerbar os efeitos do bullying.

Dependência em Redes Sociais:

A dependência em redes sociais é um fenômeno crescente, onde os indivíduos sentem a necessidade compulsiva de estar constantemente conectados e verificar suas redes sociais. Essa dependência pode interferir na vida diária, no trabalho e nas relações pessoais, levando a problemas de saúde mental como ansiedade, estresse e distúrbios do sono.

Autoestima e Imagem Corporal:

As redes sociais podem influenciar negativamente a autoestima e a imagem corporal, especialmente entre adolescentes e jovens adultos. A exposição constante a imagens idealizadas e editadas pode levar à insatisfação com o próprio corpo e a distúrbios alimentares. A pressão para obter validação através de curtidas e comentários também pode afetar a autoestima.

22.2 Estratégias para o Uso Saudável das Redes Sociais

Gestão do Tempo Online:

Gerenciar o tempo gasto nas redes sociais é crucial para manter um equilíbrio saudável. Estabelecer limites de tempo diários, usar aplicativos de monitoramento de tempo e fazer pausas regulares podem ajudar a prevenir a dependência e reduzir os impactos negativos na saúde mental. Desconectar-se das redes sociais durante momentos importantes, como refeições e antes de dormir, também pode promover um uso mais saudável.

Conscientização dos Impactos:

A conscientização sobre os impactos das redes sociais na saúde mental é fundamental. Educar os usuários sobre os efeitos da comparação social, do cyberbullying e da dependência pode ajudar a promover um uso mais consciente e responsável. Campanhas de conscientização e programas educacionais podem fornecer informações valiosas e incentivar comportamentos saudáveis.

Desenvolvimento de Habilidades de Pensamento Crítico:

Desenvolver habilidades de pensamento crítico é essencial para lidar com a desinformação e a manipulação online. Ensinar os usuários a avaliar a veracidade das informações, reconhecer vieses e identificar técnicas de manipulação pode ajudar a reduzir os impactos negativos das redes sociais. A literacia midiática é uma ferramenta poderosa para empoderar os usuários e.g., the comparison of one's life to the idealized and filtered representations of others' lives, can lead to feelings of inadequacy and low self-esteem, especially among adolescents and young adults. This can contribute to anxiety, depression, and general dissatisfaction with one's own life.

Cyberbullying:

O cyberbullying é um problema significativo nas redes sociais, onde indivíduos são assediados, humilhados ou ameaçados online. O cyberbullying pode ter impactos devastadores na saúde mental, levando a sentimentos de isolamento, ansiedade, depressão e, em casos extremos, pensamentos suicidas. A natureza anônima e pública das redes sociais pode exacerbar os efeitos do cyberbullying.

22.3 O Papel das Plataformas de Mídia Social na Promoção da Saúde Mental e na Prevenção de Transtornos Mentais Relacionados ao Uso da Internet

Responsabilidade das Plataformas:

As plataformas de mídia social têm um papel crucial na promoção da saúde mental e na prevenção de transtornos mentais relacionados ao uso da internet. Elas devem adotar políticas e práticas que minimizem os riscos e promovam um ambiente online saudável e seguro para todos os usuários.

Implementação de Ferramentas de Bem-Estar Digital:

Plataformas de mídia social podem desenvolver e implementar ferramentas de bem-estar digital que ajudem os usuários a gerenciar seu tempo online e a manter um equilíbrio saudável. Isso pode incluir recursos como lembretes de tempo de uso, modos de pausa, e relatórios de atividade que mostram quanto tempo o usuário passou online e em quais atividades.

Moderação de Conteúdo e Combate ao Cyberbullying:

As plataformas de mídia social devem investir em tecnologias e equipes de moderação eficazes para identificar e remover conteúdo prejudicial, como cyberbullying, discurso de ódio e desinformação. Implementar políticas claras e mecanismos de denúncia pode ajudar a proteger os usuários e criar um ambiente online mais seguro e acolhedor.

Promoção de Conteúdo Positivo e Educativo:

As plataformas de mídia social podem promover conteúdo positivo e educativo que apoie a saúde mental e o bem-estar dos usuários. Isso pode incluir campanhas de conscientização sobre saúde mental, recursos de apoio e informações sobre práticas de autocuidado. Parcerias com organizações de saúde mental podem ajudar a fornecer conteúdo confiável e de alta qualidade.

Transparência e Responsabilidade:

As plataformas de mídia social devem ser transparentes sobre suas políticas de privacidade, coleta de dados e algoritmos de recomendação. Garantir a privacidade dos usuários e a segurança dos dados é fundamental para manter a confiança do público. Além disso, as plataformas devem ser responsáveis pelo impacto de suas práticas na saúde mental dos usuários e tomar medidas para mitigar os efeitos negativos.

Desenvolvimento de Comunidades de Apoio:

As plataformas de mídia social podem facilitar a criação de comunidades de apoio onde os usuários possam compartilhar suas experiências e encontrar suporte emocional. Grupos de apoio online, fóruns de discussão e recursos de saúde mental podem proporcionar um espaço seguro para os usuários discutirem suas preocupações e se conectarem com outras pessoas que enfrentam desafios semelhantes.

Conclusão: O Impacto das Redes Sociais na Saúde Mental

As redes sociais desempenham um papel significativo na vida moderna, oferecendo inúmeras oportunidades para a comunicação e a conexão. No entanto, o uso das redes sociais também pode ter impactos negativos na saúde mental, como a comparação social, o cyberbullying, a dependência e a influência na autoestima e na imagem corporal.

Para garantir um uso saudável das redes sociais, é essencial adotar estratégias que promovam o equilíbrio e o bem-estar. Gerenciar o tempo online, conscientizar-se dos impactos das redes sociais na saúde mental e desenvolver habilidades de pensamento crítico são passos fundamentais para navegar o mundo digital de maneira consciente e responsável.

As plataformas de mídia social têm um papel crucial na promoção da saúde mental e na prevenção de transtornos mentais relacionados ao uso da internet. Implementar ferramentas de bem-estar digital, moderar o conteúdo de maneira eficaz, promover conteúdo positivo e educativo e desenvolver comunidades de apoio são práticas essenciais para criar um ambiente online saudável e seguro.

Convidamos você, leitor, a refletir sobre o impacto das redes sociais na sua vida e a adotar práticas que promovam um uso saudável e equilibrado. Juntos, podemos garantir que as redes sociais sejam uma força positiva que promova a saúde mental e o bem-estar, construindo um mundo digital mais humano, compassivo e sustentável.

CAPÍTULO 23

O Papel da Arte e da Criatividade na Saúde Mental na Era Digital

A arte e a criatividade têm sido ferramentas poderosas para a expressão emocional e o bem-estar ao longo da história humana. Na era digital, essas práticas continuam a desempenhar um papel crucial na promoção da saúde mental, oferecendo novas formas de expressão e terapia. Este capítulo explora como a arte e a criatividade podem promover a saúde mental e o bem-estar, discute o papel da arte na expressão emocional e no desenvolvimento da autoconsciência, e apresenta exemplos de como a arte e a tecnologia podem ser combinadas para criar experiências terapêuticas.

23.1 Arte e Criatividade como Ferramentas para Promover a Saúde Mental e o Bem-Estar

Expressão Emocional:

A arte oferece uma forma única de expressão emocional, permitindo que as pessoas externalizem e processem suas emoções de maneiras que palavras muitas vezes não conseguem. Pintura, desenho, música, dança e escrita criativa são meios através dos quais indivíduos podem explorar e comunicar sentimentos complexos, aliviando o estresse e promovendo o bem-estar emocional.

Desenvolvimento da Autoconsciência:

A prática artística pode ajudar no desenvolvimento da autoconsciência, permitindo que as pessoas reflitam sobre suas experiências e emoções. A criação artística incentiva a introspecção e o autoconhecimento, ajudando os indivíduos a entenderem melhor a si mesmos e suas reações emocionais. Essa autoconsciência pode ser um passo importante para a cura e o crescimento pessoal.

Construção de Sentido e Propósito:

A arte pode proporcionar um sentido de propósito e significado na vida. Engajar-se em atividades criativas pode ser uma forma de encontrar satisfação e realização, contribuindo para um senso de identidade e propósito. A criação artística pode ajudar as pessoas a se conectarem com algo maior do que elas mesmas, promovendo um sentimento de pertencimento e conexão.

23.2 O Papel da Arte na Expressão Emocional e no Desenvolvimento da Autoconsciência

Arteterapia:

A arteterapia é uma forma de terapia que utiliza a criação artística como um meio de expressão e cura. Os terapeutas de arte ajudam os indivíduos a explorar suas emoções através de atividades artísticas, facilitando o processamento de traumas, o alívio do estresse e o desenvolvimento da autoconsciência. A arteterapia pode ser particularmente eficaz para pessoas que têm dificuldade em verbalizar suas emoções.

Música e Saúde Mental:

A música tem um impacto profundo na saúde mental, oferecendo uma forma de expressão emocional e alívio do estresse. Tocar um instrumento, cantar ou simplesmente ouvir música pode ter efeitos terapêuticos, ajudando a regular as emoções e promover o bem-estar. A musicoterapia é uma prática que utiliza a música para tratar uma variedade de condições de saúde mental, desde a depressão até o transtorno de estresse pós-traumático (TEPT).

Escrita Criativa:

A escrita criativa, incluindo a poesia e a narrativa, pode ser uma forma poderosa de expressão emocional e autoconhecimento. Escrever sobre experiências pessoais pode ajudar a processar emoções complexas e traumas, promovendo a cura e o crescimento pessoal. A escrita terapêutica pode ser uma ferramenta eficaz para melhorar a saúde mental e o bem-estar.

23.3 Combinação de Arte e Tecnologia para Criar Experiências Terapêuticas

Realidade Virtual (RV) e Realidade Aumentada (RA):

A realidade virtual e a realidade aumentada oferecem novas possibilidades para experiências terapêuticas. Ambientes virtuais imersivos podem ser usados para a terapia de exposição, ajudando indivíduos a confrontar e superar medos e traumas em um ambiente controlado. A RV e a RA também podem ser utilizadas para criar experiências artísticas interativas que promovem a expressão emocional e o bem-estar.

Aplicativos de Arte Digital:

Aplicativos de arte digital permitem que as pessoas criem obras de arte usando dispositivos eletrônicos, como tablets e smartphones. Esses aplicativos oferecem uma maneira acessível e conveniente de explorar a criatividade e expressar emoções. A criação de arte digital pode ser uma forma terapêutica de aliviar o estresse e promover o bem-estar.

Plataformas de Colaboração Artística Online:

Plataformas online que facilitam a colaboração artística podem promover a saúde mental ao criar comunidades de apoio e conexão. Projetos colaborativos, como a criação de música, arte visual ou escrita em grupo, podem proporcionar um senso de pertencimento e propósito. Essas plataformas permitem que indivíduos compartilhem suas criações e recebam feedback positivo, fortalecendo a autoestima e o bem-estar.

Biofeedback e Neuroarte:

A combinação de biofeedback e arte, conhecida como neuroarte, utiliza dados fisiológicos para criar obras de arte. Sensores que monitoram a atividade cerebral, a frequência cardíaca e outros sinais fisiológicos podem ser usados para gerar arte visual ou música em tempo real. Essa prática pode ajudar os indivíduos a se conectarem com suas emoções e a desenvolverem maior autoconsciência e regulação emocional.

Conclusão: O Papel da Arte e da Criatividade na Saúde Mental na Era Digital

A arte e a criatividade continuam a desempenhar um papel vital na promoção da saúde mental e do bem-estar na era digital. Através da expressão emocional, do desenvolvimento da autoconsciência e da construção de sentido e propósito, a arte oferece caminhos poderosos para a cura e o crescimento pessoal.

A combinação de arte e tecnologia abre novas possibilidades para experiências terapêuticas, oferecendo formas inovadoras de explorar a criatividade e promover a saúde mental. Ferramentas como a realidade virtual, aplicativos de arte digital e plataformas de colaboração artística online podem enriquecer nossas vidas e fortalecer nossas comunidades.

Convidamos você, leitor, a explorar o potencial da arte e da criatividade em sua própria vida. Experimente diferentes formas de expressão artística, aproveite as tecnologias disponíveis e descubra como a arte pode ser uma aliada poderosa na busca pelo bem-estar e pela saúde mental. Juntos, podemos construir um mundo onde a arte e a tecnologia se complementem, promovendo um futuro mais humano, compassivo e sustentável.

CONCLUSÃO

Chegamos ao final desta jornada pela intrincada e fascinante relação entre a mente humana e a tecnologia. Ao longo destas páginas, exploramos os desafios e as oportunidades que se apresentam diante de nós, em uma era moldada pela inteligência artificial, pela bioengenharia e pela hiperconexão. Mergulhamos nas profundezas da neuroética, questionamos os limites da realidade virtual, contemplamos a possibilidade da imortalidade e buscamos respostas para os dilemas da felicidade sintética.

A saúde mental, como vimos, se torna ainda mais crucial em um mundo de constantes transformações tecnológicas. A mente humana, com sua complexidade e fragilidade, precisa navegar por um mar de informações, estímulos e incertezas, buscando adaptar-se a uma nova realidade onde os limites entre o real e o virtual se diluem, e onde a própria definição de ser humano é posta em xeque.

Mas a tecnologia, como demonstramos, não é apenas uma fonte de desafios. Ela também oferece ferramentas poderosas para promover a saúde mental, democratizar o acesso aos cuidados e auxiliar na prevenção e no tratamento de transtornos mentais. A inteligência artificial, a realidade virtual, as plataformas online e os dispositivos vestíveis abrem um leque de possibilidades para revolucionar a maneira como cuidamos da nossa mente.

No entanto, a utilização da tecnologia requer responsabilidade, ética e consciência. É preciso questionar os limites da intervenção tecnológica, proteger a privacidade mental, garantir a autonomia individual e promover a inclusão e a equidade no acesso aos benefícios da tecnologia.

Acreditamos que a saúde mental na era digital depende da nossa capacidade de integrar a tecnologia com a sabedoria humana, a compaixão e o respeito pela dignidade da pessoa humana. É preciso cultivar a conexão humana, o pensamento crítico, a espiritualidade e a criatividade para navegar os desafios da era digital com equilíbrio e resiliência.

Que este livro inspire a reflexão, o diálogo e a ação em busca de um futuro onde a tecnologia esteja a serviço do bem-estar humano, um futuro onde a mente humana floresça em harmonia com as maravilhas da era digital.

SOBRE O AUTOR

Rodrigo é psicólogo e neurocientista. Dedicado a promover o bem-estar emocional e o desenvolvimento pessoal, possui anos de experiência em atendimentos clínicos e combina técnicas modernas com uma abordagem acolhedora para ajudar seus clientes a superarem desafios e alcançarem seu potencial máximo. Autor de inúmeros livros e artigos reconhecidos na área, Rodrigo compartilha seu conhecimento de forma acessível e prática.

Visite: www.rodrigopsicologia.com

REFERÊNCIAS BIBLIOGRÁFICAS

A seguir, apresentamos uma lista de referências bibliográficas que foram utilizadas para fundamentar os capítulos deste livro. Estas obras abrangem uma variedade de tópicos relacionados à saúde mental, tecnologia, ética, educação, trabalho, cultura, meio ambiente e democracia na era digital.

1. Saúde Mental e Tecnologia:

- **Kurzweil, R. (2005).** *The Singularity Is Near: When Humans Transcend Biology.* Viking.
- **Harari, Y. N. (2015).** *Homo Deus: A Brief History of Tomorrow.* Harper.
- **Carr, N. (2010).** *The Shallows: What the Internet Is Doing to Our Brains.* W.W. Norton & Company.

2. Educação na Era Digital:

- **Selwyn, N. (2011).** *Education and Technology: Key Issues and Debates.* Bloomsbury Academic.
- **Siemens, G. (2005).** *Connectivism: A Learning Theory for the Digital Age.* International Journal of Instructional Technology and Distance Learning.
- **Prensky, M. (2001).** *Digital Natives, Digital Immigrants.* On the Horizon.

3. Trabalho e Automação:

- **Brynjolfsson, E., & McAfee, A. (2014).** *The Second Machine Age: Work, Progress, and Prosperity in a Time of Brilliant Technologies.* W.W. Norton & Company.
- **Ford, M. (2015).** *Rise of the Robots: Technology and the Threat of a Jobless Future.* Basic Books.
- **Frey, C. B., & Osborne, M. A. (2017).** *The Future of Employment: How Susceptible Are Jobs to Computerisation?* Technological Forecasting and Social Change.

4. Cultura e Identidade Digital:

- **Turkle, S. (2011).** *Alone Together: Why We Expect More from Technology and Less from Each Other.* Basic Books.
- **boyd, d. (2014).** *It's Complicated: The Social Lives of Networked Teens.* Yale University Press.
- **Jenkins, H. (2006).** *Convergence Culture: Where Old and New Media Collide.* New York University Press.

5. Meio Ambiente e Sustentabilidade:

- **Hawken, P. (2017).** *Drawdown: The Most Comprehensive Plan Ever Proposed to Reverse Global Warming.*Penguin Books.
- **Lovins, A. B., Lovins, L. H., & Hawken, P. (1999).** *Natural Capitalism: Creating the Next Industrial Revolution.*Little, Brown and Company.
- **McDonough, W., & Braungart, M. (2002).** *Cradle to Cradle: Remaking the Way We Make Things.* North Point Press.

6. Democracia e Governança Digital:

- **Sunstein, C. R. (2017).** *#Republic: Divided Democracy in the Age of Social Media.* Princeton University Press.
- **Morozov, E. (2011).** *The Net Delusion: The Dark Side of Internet Freedom.* PublicAffairs.
- **Zuboff, S. (2019).** *The Age of Surveillance Capitalism: The Fight for a Human Future at the New Frontier of Power.* PublicAffairs.

7. Ética e Regulação na Tecnologia:

- **Floridi, L. (2013).** *The Ethics of Information.* Oxford University Press.
- **Moor, J. H. (1985).** *What Is Computer Ethics?* Metaphilosophy.
- **Bostrom, N., & Yudkowsky, E. (2014).** *The Ethics of Artificial Intelligence.* In K. Frankish & W. M. Ramsey (Eds.), *The Cambridge Handbook of Artificial Intelligence* (pp. 316-334). Cambridge University Press.

8. Espiritualidade e Filosofia na Era Tecnológica:

- **Vattimo, G. (2002).** *Belief.* Stanford University Press.
- **Heidegger, M. (1977).** *The Question Concerning Technology and Other Essays.* Harper & Row.
- **Caputo, J. D. (2001).** *On Religion.* Routledge.